いろふちゃん

「しない」人になりなさい

大丈夫。そんなに頑張らなくても

JN054883

KADOKAWA

はじめに

この本を手に取っていただき誠にありがとうございます。カウンセラーとして活動を始めてから11年。これまで900人以上に長時間にわたるカウンセリングをして、心から深く寄り添ってきました。カウセリングの中で、皆さんが必ず言う言葉があります。

それは、「自信を持ちたい」です。

この「自信を持ちたい」というお悩みは、恋愛のご相談であっても仕事に関するご相談であっても、変わりません。

皆さん、自信をつけるために、ものすごく頑張っています。自己啓発や心理学の本を読みあさり、見えない何かと戦いながらも実践し、それでもなかなか自信がつかないとおっしゃいます。

ご相談者のお話を聞くと、私はいつも「みんないい人すぎる」と感じてしまいます。

もう少しわがままでいいんです。

「わがまま」というのは「我がまま」。

つまり、「あるがまま」です。

「こんなふうに思われたらどうしよう」と他人の目を気にしたり、「あの人はスゴイ！それにひきかえ、私は……」と他人と比較して落ち込んだり、「好きな人のために期待に応えなくちゃ」と無理をして、尽くしたり。

他人軸で生きているのって、つらくありませんか？

皆さん、本当に頑張りすぎだと思います。

なのに、24時間365日、脳内も心の中も詰め放題イベントを開催しっぱなし。「あれも、これも」と詰め込むのは、もう終わりにしましょう。だって、あなたはあなたのままで素敵なのだから。

あなたに必要なのは、これまで以上に頑張ることではありません。スリムなほうが綺麗だと思い、ダイエットのしすぎで体を壊す。相手の力になりたいばかりに「なにか困っていることはない？」と聞きすぎて相手を不快にさせるなど。頑張りすぎて上手くいかなくなった経験は、ありませんか？

これからは頑張らないことを頑張る。「あえてしない」ことが必要なのです。

「私、何が好きだったんだっけ？」
「私、何がしたかったんだっけ？」

あれこれ頑張りすぎて、どれが本当の自分かわからなくなったら、危険信号です。

恋人や親などに認めてもらいたい、好かれたい気持ちはわかります。少しでいいので、「誰かのため」ではなく、「しすぎた」時間や労力を「自分のため＝自分らしく生きる」にかけてみませんか？

　これまで詰め込んできた過剰な努力や忍耐を、少し整理して、「しない」を選択してみましょう。

　そして、あるがままに、自分のために生きましょう。

　大丈夫。そんなに頑張らなくても、あなたは生まれながら最高です。

　本書では、人生を楽にするための27個の「しないこと」をご紹介しています。「しない」を選択し、「しすぎ」を削ぎ落していくことで、本来の自分を取り戻し、自分として息ができるようになります。

　この本を書くことによって、あなたが自信を取り戻し、あなたらしくあなただけの人生を生きるためのお手伝いができるのであれば、こんなに嬉しいことはありません。

　あなたは一人じゃない。愛と真心を込めて。

2023年2月　いろふちゃん

目次

第1章

自分を大切にするための「しない」

第2章

繊細さんをやめるための「しない」

第3章

理想を叶えるための「しない」

第4章

「しない」自分をコントロールする

ブックデザイン：藤崎キョーコ
DTP：G-clef
校正：鷗来堂
編集協力：稲田和絵
編集：宮原大樹

第1章

自分を大切にするための「しない」

01 傷つけない

「傷つけない関係」をつくる

そのつもりはなくても、知らない間に誰かを傷つけてしまうことがあります。また、気づかぬうちに、自分が傷ついていることもあります。

傷つくポイントというのは、一人ひとり違うのです。「どう思っているか」を、相手あるいは自分自身に確認してみることが大事です。

○「今、どんな気持ち？」

○「この出来事について、どう思う？」

本当はどう思ったのか、自分からは言いにくいことがあります。また、相手の表情を見ただけでは、相手が傷ついているかいないか、判別できないことも多いです。

「考えることはみんな同じ」「こう思っているだろう」と思い込むのではなく、相手に心から寄り添うことが大事です。今どんな気持ちになっているのかを思いやりましょう。

これはもちろん、自分に対しても同じです。「私は今、どう思っている？」と自分に問いかけ、自分の心に寄り添ってください。

自分の傷つく場面を減らす

自分が「何をされると傷つくのか」「どれだけ傷つくのか」は、伝えなければわかってもらえません。相手に嫌われないよう我慢してエネルギーを消費するのではなく、自分のためにできるだけ自分の言葉で意思を示しましょう。

次に、傷つく場面を減らすテクニックを紹介します。

サラッと断る

「せっかくだけど、またの機会にしとくね」

「充分だよ、ありがとう！」

申し訳ないからといって、へりくだった言い方をする必要はありません。あくまで、サラッと言いましょう。

はっきり伝える

「その言葉を言われると、嫌な気持ちになるな」

妥協案を出す

「うーん……これは難しいけど、これならできると思う。どうかな？」

自分の意思を伝えただけで態度が変わるような相手であれば、最初から「相手にしない」というのも、一つの選択です。

時には「フリ」をする

共感や理解をしようとせず、聞いているフリ、集中しているフリをすることも、時には有効です。心の電波をオフにして、自分の世界から相手を圏外にしてしまいましょう。相手に勝手に言わせておけばいいのです。

あえて対等に見ない

「嫌なことを言ってくるような人は、そもそも嫌なことしか言わないものだ」と割り切ってしまいましょう。言われたことに対して、思い当たることがなければ、自分が悪いのではなく、相手がそもそも「そういう文化の人」なのです。

ユーモアで返す

これは結構な応用テクニックなのですが、キャラクターによってはかなり有効です。

「それは無理だ〜〜〜〜〜〜！」

と、ジェスチャーも交えながら、大袈裟に表現します。

相手は、笑いながら「わかった、わかった」と折れてくれるでしょう。

「傷つけてしまう覚悟」「傷つく覚悟」を持つ

人と関わり続ける限り、全く「傷つけない」「傷つかない」というわけにはいきません。

人と関われば、誰かを傷つけてしまう、あるいは自分が傷ついてしまうことが、時には起こります。

「それならば人と関わらないようにしよう」そう思っても、人と関わらないこと自体が、誰かを傷つけることになってしまうかもしれません。

自分の心の門番をしすぎると、いきなり襲ってきた攻撃にかえって大きな傷を負いやすくなってしまいます。傷つかないように警備しすぎて弱り、敏感に痛みを感じやすくなったり、自分を見失ってしまったりするのです。

逆説的に聞こえるかもしれませんが、人を傷つけず、自分も傷つきたくなければ、「人を傷つけてしまう覚悟」「自分が傷つく覚悟」を持つことです。

これらの覚悟を持つためには、次の3つのステップが有効です。

ステップ1：「傷つけている」「傷ついている」ことを自覚する

まずは、自分が誰かを傷つけていること、自分が傷ついていることを自覚しましょう。

自分の言動や相手の言動を振り返り、「何が起きたのか？」「なぜそう思ったのか？」「どう傷ついたのか？」を深掘りしていきます。

たとえば、嫌なことを言われたときに、「何がどう嫌だった？」と自分に問いかけます。すると、言われた内容自体よりも、自分がどんな気持ちになるのかを、相手が思いやってくれなかったことに傷ついていたということに気づくかもしれません。

また、相手が怒ったときは、「どうして相手は怒ったのだろう？」と考えてみましょう。すると、自分が相手の気持ちを決めつけたことに傷ついたのかもしれない……と、それまで気づかなかった可能性が見えてきます。

ステップ2：なぜ「傷つけたくないか」「傷つきたくないか」を言葉にする

なぜ相手を傷つけたくないのか、なぜ自分が傷つきたくないのか、理由を言葉にしてみましょう。

「相手が大切な存在だから傷つけたくない」

といった本心に気づき、それを言葉で相手に伝えることで、お互いを理解しあおうとする気持ちになります。

ステップ3：傷つけた／傷ついた後のフォローを考える

相手を傷つけてしまった、あるいは自分が傷ついたとき、その後、どのようにフォローするかを考えておきましょう。
傷つけたら終わり、傷ついたら終わり、ではありません。
その後の行動こそが、大事なのです。

例

・カウンセリングに行って気持ちや考えを吐き出す
・人と距離を取り、セルフケアをする
・できる限り礼儀をもって接する
・相手のために「何ができるか」「あえて何をしないか」を日頃から研究する
・相手に心から謝罪し、相手が「本当はどう思っているか」を知るためにコミュニケーションを重ねる

など、相手との関係修復や、自分のメンタルを回復するためにできることは、たくさんあります。

大切にするとは「傷つけない」ことです。

「してほしいことをする」よりも、「しないでほしいことをしない」人を目指しましょう。たとえ傷つけられても、自分は人を傷つけない。同じ土俵に立たないことが大事です。

これを言ったら相手を否定するから言わない、つらさを我慢させたり無理をさせない、嫌がることをしないなど「しないでほしいことをしない人」「されたくないことをしない人」が本当に人も自分も大切にできる人なのだと私は思います。

〝当たり前のことを当たり前にする〟はできても、〝当たり前のことを当たり前にしない〟は意識していない人が多いようです。

「なぜしてはいけないか」「これを言われたら相手がどんな気持ちになるのか」〝想像力〟が養われていないと、悪気なくしてしまう（配慮ができていない）こともあります。

【大切にしたいから傷つけない】【しないでほしいことを当たり前にしない】という価値観を取り入れましょう。

02 気持ちを無視しない

自分のことも相手のことも大切にしようと思ったら、「気持ちを無視しない」ことです。

「それは違う」と否定したり、「それはこうでしょ」と決めつけたりするのではなく、「本当の気持ち＝何をしたいのか・何をしたくないのか」を知ろうとすることが大事。

自分の気持ちも、相手の気持ちも、無視してはいけません。

「本当の気持ち」は、自分でもなかなか気づくことができないものです。

笑っているからといって、本人が楽しんでいるとは限りません。

泣いている人が、悲しいと感じているとは限りません。

機嫌の悪い人が、怒りを感じているとは限りません。

これは、気持ちを偽っていたり、演じていたりするのではなく、本人でさえ気づかない「本当の気持ち（見えない傷）」があるためです。
本当の気持ちは自分でもわからないけれど、何かしらの違和感には気づいている。だから、誰かに「わかってほしい」「気づいてほしい」と思い、そして、受け入れてくれる人を求めるのです。

相手に寄り添うためには、そばにいて、ただただ話を聞いてあげましょう。人は話を聞いてもらえるだけで、満たされます。

聞き方のコツ①：相手が実際に言ったことだけを聞く

「これを言いたい」「こうアドバイスしよう」「私はこう思う」「相手に何がしてあげられるだろう」といった自分の雑念を頭から取り除き、相手が実際に言ったことだけに集中して聞くようにしましょう。

「相手のためにならなきゃ」「相手を楽にしてあげなきゃ」と、頑張って全部受け止めようとしなくていいんです。

相手の役に立ちたいという気持ちの強い人は、話を聞いているだけで疲れてしまいがち。

話を聞くときは、「相手のために」という気持ちを一旦脇にポイッと置いて相手の言葉だけに集中すると、余計なアドバイスを考えず、疲れにくくなります。

また、聞きたくないような話のときは自分と相手の目の前にゴミ箱が置いてあって、自動的に入っていくイメージをするのがおすすめです。言葉の受け取り拒否をして自分に優しくしてあげてください。

聞き方のコツ②：相手が失敗談やつらかった出来事を打ち明けたら、「共感」をする

過去を打ち明けるのは、とても勇気がいることです。

打ち明け話を聞いたとき、「良い・悪い」の評価をくだしたり、間違いを指摘したりせずに、まずはお礼を言ってから、

「そういうことがあったんだね（そういうことがあったんですね）」

「そう思うよね（そう思いますよね）」

とまずは相手の考えや感情に共感しましょう。

ここで注意したいのは、言葉をただ喋るだけではダメだということです。

「そうなんだね」と口では言っても、嫌々聞いていたり、「ふーん」と興味がなさそうにしていたら、相手は「大切にされていない」と感じてしまいます。


これは、自分の気持ちに対しても同じです。

自分が思ったこと、感じていることを無視したり、軽く扱ったりせず、感じるまま、思うままを受け入れましょう。


自分は何が好きで、何が嫌いなのか。

何をしたくて、何をしたくないのか。

自分の気持ちや感情に寄り添うことで、「自分がどうしたいのか」を知ることができます。

自分の気持ちを無視し続けると、言葉が出なくなる

自分の気持ちに蓋をして言いたいことを言わなかったり、自分の気持ちを否定したり、無視をし続けたりしていると、自分の意見がわからなくなってしまいます。そして自分の気持ちを後回しにして、他人の気持ちを尊重し、優先するようになります。他人からの評価が気になって、「いい子を演じないといけない」「相手が不快にならないように察しないといけない」「相手が気に入るように振る舞わないといけない」という思いが強くなりすぎ、自分が本当はどう思っているのか、何をしたいのかに意識が向かなくなってしまうからです。

そして、自分の考えを言わずに我慢し続けていると、「自分だって我慢しているんだから、他の人も我慢するべき」と感じるようになります。

このような状態になったら、言葉を取り戻すリハビリが必要です。

①言葉を見直す

「自分の言葉に、相手はどう反応するかな？」「相手がこの言葉を聞いたらどんな感情になるかな？」を、人と関わりながら整理していきます。

可能であれば、会話を録音したり、メモしたりして、振り返るとよいでしょう。後から振り返ると冷静に判断できるものです。会話をしている現場では「嫌われるようなことを言ったかも」と感じていても、冷静に振り返ってみると「考えすぎだった」と感じることが多いものです。

見直しレッスン

1．言った・言われた言葉を振り返る

「○○と言われたのは嫌だった」「○○という言葉には傷ついた」

2．言った・言われた理由を一つ探す

「心配してくれていたのかな」「余裕がなくて言ってしまった」

3．「なんで」こんなことを言ってしまったのかではなく、自分は「なにが」言いたいのか・「なにが」言われたかったのか、ベストな言葉を考える

「本当はなにが言いたかった？」

「本当はなんて言われたかった？」

このとき、「なんで」を使うと、原因を追究してネガティブになり、自分を変える「行動」ができなくなってしまいがち。「なにが」を探すことがポイントです。

4．本当はどう「したいのか」「したくないのか」

思ったまま、自分の気持ちに素直になってみる。

②紙に書き出して気持ちを言語化する

感情が動く出来事が起こったら、気持ちを紙に書き出してみましょう。

言語化することで、自分の気持ちを客観的に見つめ直すことができます。

このとき、他人の意見や世間体を切り離してください。「自分はどう思ったのか」「自分はどうしたいのか」「自分はどうしたくないのか」を振り返り、素直に書くことが重要です。

ガッカリしたり、イライラしたりしても、それを隠さなくても大丈夫。マイナスの感情もプラスの感情も、「ある」ものを「ある」と、そのまま素直に受け入れましょう。あまり感じたくない嫌な気持ちさえも、「自分の一部」。どんな感情も感じていいんです。

これまで無理をして周りの要求を満たすことを優先してきた人ほど、自分の気持ちを言うことを我慢し続けて、自分の気持ちに気づけなくなる傾向があります。そのような人は、紙に書き出そうとしても、なかなか自分の気持ちがわからないかもしれません。でも、繰り返すうちに、だんだんとわかるようになっていきますから、安心してくださいね。

また、普段から自分の気持ちを優先して、「思ったら、すぐ動く」と意識しましょう。自分の心を自分で満たそうとする行動が「自分のため」になります。

自分の気持ちを優先するレッスン

五感を使ってみる

どんな見た目？　どんなにおい？　どんな感じがする？　など、五感から自分なりの言葉で表現してみましょう。

身体感覚の変化を観察してみる

汗をかいた、顔に力が入るなど、自分の身体感覚がどのように変化したか、観察してみましょう。

常に周りを意識して戦闘モードでい続けると、体が緊張でガチガチになってしまいます。マッサージなどで緊張をほぐすと、観察しやすくなります。

箇条書きでいいので、頭の中の言葉を書き出す

わからないなら、「わからない」と書いても大丈夫です。頭の中が、スッキリするまでアウトプットしてみましょう。

書き出すことで、すぐに流れてしまうような小さな思考も追うことができるようになります。

こうして自分の思考を丁寧に振り返ることで、状況に合った言葉のチョイスができるようになり、自分の中の言葉の引き出しが充実します。

相手優先で考えた後で、必ず「自分」についても考える

「あの人はこうだった」「でも自分はどうしたいか」「でも自分はどう思うか」

主語を「相手は」から「自分は」に変えて、自分の気持ちを振り返ってみましょう。

③自分の気持ちや状態を説明する

「この人なら言わなくてもわかってくれる」という思い込みを手放しましょう。

この思い込みがあると、言うべきことを伝えなかったり、説明を省略したりしがちになります。

伝える努力を充分しないまま、自分の中で勝手に完結させ、「わかってくれない」と落ち込んではいませんか？

わかってくれないのは相手の理解力の問題ではなく、自分の「説明不足」が原因です。相手はあなたのことを知らないだけです。

たとえば、何か嫌なことがあったとき、無言のまま態度や表情だけで「嫌な状態」を示しても、相手には伝わりません。何が起こり、なぜその状態になったのか、言葉で伝えるからこそ、わかってもらえるのです。

相手はあなたがどうして不機嫌な「状態」になっているのか、理由を説明してもらわないと、本当にわからないですし、そもそも知ることができません。

占いに頼って相手の気持ちを探ろうとしたり、相手の心を操るテクニックを学んだりしても無意味。そうではなく、自分はどうして不機嫌になったのかをよく思い返し、自分の気持ちを思ったまま言葉で伝えて、どんどん知ってもらいましょう。

その上で、「どうすれば伝わるか？」を考えながら、丁寧にコミュニケーションを取ることが大事です。

03 比べすぎない

自分と他人を比べてしまう。これは、誰にだってあることです。

「人間は社会的な生き物」とよく言われますよね。人間が生きていくには社会に適応することが必要です。

社会に適応するためには、自分の「こうしたい」よりも「こうあるべき」を優先しなければならない場面もあるでしょう。しかし、これがいきすぎて、いつも自分の気持ちより「こうあるべき」ばかりを優先させていると、心のバランスが崩れてしまいます。

実はこれが、「生きづらさ」の正体です。

「こうあるべき」は、学校や家庭で染みついたルールもありますが、実は、それ以外に、自分で勝手に思い込んでいる「こうあるべき」もあります。

問題は、その「比べ方」

自分で思い込んでしまう「こうあるべき」は、人と比べることで生まれます。

人と比べることが悪いわけではありません。人と比べることで、「私もあんなふうになりたい」と向上心がムクムク芽生えることもありますし、人と比べて競いあうことで、より高い技術が身につくこともあります。

＝＝＝＝＝

たとえば、職場の先輩が、仕事にとてもやりがいをもって働いているとします。

それを見たとき、

× 仕事にやりがいを感じていない自分はダメ

と思うと、つらくなってしまいます。そうではなく、
◯ 仕事じゃなくてもいいから、趣味などにやりがいを見つけよう
と考えてみてください。楽しい気分になってきます。
＝＝＝＝＝
また、自己肯定感の高い人と比べてしまうこともあるでしょう。
そんなとき、
× 自己肯定感を高めなきゃ
と思うと、どんどんしんどくなってしまいます。
◯ 自己肯定感が高くても低くても、私は私。宇宙一尊い
と考えてみてください。気分がスーッと楽になります。
＝＝＝＝＝
生きる意味を見出している人と自分を比べるとき、
× 生きる意味がないと生きていてはダメ
と思うと、自分を思いつめてしまいます。

◯ 生きている、それだけで無敵

と考えてみてください。心がゆっくりと満たされていきます。

＝＝＝＝＝

いつもご機嫌な人と比べるとき、

× ご機嫌でいない自分は劣っている

と思うと、それこそご機嫌でいられなくなってしまいます。

◯ 人間だから、ご機嫌になれない日もあって可愛い

と考えてみてください。自分を許せるようになります。

＝＝＝＝＝

このように、比べ方次第では、人と比べることがつらくなります。

日々たくさんの情報が入ってくる現代。ＳＮＳやメディアなどのネット社会になり、ここ10年で情報量は約５００倍に増えたと言われています。「人と比べるな」と言われても、それは無理な話です。

なので、「傷つかない比べ方」を身につけて、自分を落ち込ませない環境をつくり、

人生無双、唯一無二メンタルで、自分の心を守りましょう。

「ぼちぼちやってみるか」メンタル

傷つかない比べ方を身につけるには、まず「他人の人生は他人のもの、自分の人生は自分のもの」と思うことです。他人と比べて劣っている・優っているかは重要ではありません。

優劣にこだわる人は、「〜でないとダメ」と思い込み、自分を責めてしまいます。たとえ人より劣っている部分があったとしても、自分を否定しないことが大事。「できない自分」「受け入れられない自分」さえも否定せず、「そんな自分も、自分だよな」と割り切ってみてください。それから、「歩く人生が違うのか。だったら、自分のペースでぼちぼちやってみるか」くらいでちょうどいいです。

初心メンタル

人と比べることが、決して悪いわけではありません。しかし、比べすぎると、自分軸がブレてしまいます。

もし、他人と比べてばかりいて、自分が本当は何をしたいのかがわからなくなってしまったら、初心を思い出してみましょう。

「私はそもそも、何のために頑張ろうと思ったんだっけ？」と振り返ってみてください。原点に返ることで、忘れていた純粋な気持ちや大切な思いが蘇ってくるはずです。

情報から距離を取るメンタル

比べすぎは、知りすぎによって起こります。手っ取り早く気持ちを楽にしたければ、スマホやテレビから離れて、インターネットにつながない時間をもつ「デジタルデトックス」がおすすめです。

さまざまな情報や他人のプライベートを手軽に見られるようになり、LINEやInstagramなどで簡単に人とつながれてしまうため、多くの人が余計なことまで知りすぎてSNS疲れを起こしています。

特に写真は文字よりも情報が多く、心に負担を与えます。余計な写真は、なるべく見ないことを心がけてください。

他人の情報がどんどん入ってきて、今のままでもいいはずなのに「これじゃダメ」と焦ってしまう。高すぎる理想をかかげてしまう。そんな人が増えています。

情報の過剰摂取は、後からダメージがやってきます。「私は大丈夫」と思っていても、たまにはスマホを持たずに出かけるなど、情報から距離を取る時間を過ごしましょう。

「一日絶対に触ってはいけない」と徹底するのではなく、時間を決めて、短い時間で取り組むことも、充分「デジタルデトックス」になります。

「デジタルデトックス」を定期的に取り入れることで、ストレスが溜まりにくくなり、心身が健康になったり、気持ちに余裕ができたりして、幸せを感じやすくなる効果もあります。

「奪う人」から離れるメンタル

否定や批判をして、自信を奪う。遅刻して、時間を奪う。何かと払わせて、お金を奪う。やりたいことをやめさせて、自由を奪う。心も身体も傷つけて、幸せを奪う。あなたの「今あるもの」を奪う人からは離れましょう。

奪われ続けると、「自分には価値がない」と思考改造されてしまいます。どんどん心の余裕がなくなり、やがて優しくいられなくなります。大事なことはストレスの発散よりも、「奪われない＝ストレスが少ない環境」に身を置くこと。根性論ではなく、人は環境が9割です。

04

執着しない

「お金がないと、幸せになれない」

「もったいなくて、捨てられない」

「あの人と別れたら、もう生きていけない」


こんなふうに、お金やモノ、人に執着してはいませんか？


人はなぜ、執着するのでしょうか。

それは、「何かにしがみつくことで安心したい」から。

しかし、執着があると安心できません。むしろ、悩みのほとんどは執着することが原因で起こっているのです。

「〜でなければならない」「納得できない」「こんなはずじゃない」「もったいない」「もっと評価されるべき」

そんなふうに思い込んで、物事にありもしない意味をつけたり、エピソードをつくり出したりして、どんどん自分を苦しめてしまいます。

何かに執着すると、視野が狭くなるものです。本当はたくさんの選択肢があるはずなのに、それが見えなくなってしまいます。そして「やっぱりこれしかない」とさらに執着してしまう。

「これしかない」と思うと、今度は心が不安でいっぱいになります。選択肢が一つしかないと思い込んでいるので、「失敗できない」という気持ちになり、心にゆとりがなくなってしまうからです。

不安と恐怖から身動きが取れなくなり、チャンスも逃しやすくなります。

執着を手放そう

執着を手放すと、不安や恐れがなくなり「私は何があっても大丈夫」と、安心します。不安がないため、自分の好きな選択をすることができるようになります。

そして、人に対しても、ありのままを受け入れることができ、相手の選択を尊重することができるようになります。

執着を手放すと言っても、その気持ちをなくそうとする、恋人と別れるというような意味ではありません。

「これがないとダメ」「こうならなきゃ自分には価値がない」といった思い込みを外し、「欲しい、欲しい」と必要以上に求める心や、失うことへの恐怖・不安を手放すのです。

執着を手放すための7つのマインド

執着を手放すために有効な7つのマインドがあります。

マインド1：「私はこう思う」

周りの目が気になって、自分の気持ちや考えに蓋をしてはいませんか？

周りの評価ではなく「私はこう思う」と自分の意思で選択することが大事です。

マインド2：「ま、いっか」

余計な考えがぐるぐる頭で回って、ネガティブな妄想全開になってはいませんか？

なかなかうまくいかないことがあったとしても、「ま、いっか」と受け流すことで楽になります。

マインド3：「私は私、人は人」

誰かの用意した価値観で、誰かと比べたり競ったりしてはいませんか？

比べれば比べるほど、競えば競うほど心が削られてしまいます。

「私は私、人は人」と、自分の人生の主人公でいましょう。

マインド4：「私のここが好き」

自分を嫌ってはいませんか？
「私のここが好き」と、部分的にでも自分の好きなところを見つけてみましょう。
はじめから自分の全部を好きになろうとするのではなく、少しずつ自分を好きになることが、自分らしさへの近道です。

マインド5：「私なりによくやった」

結果ばかりにフォーカスして、自分を厳しく評価してはいませんか？
望んだ結果にならなかったとしても、それまでやってきた行動の過程を認めてあげましょう。
「私なりによくやった」と自己評価を下げないことで、メンタルのコンディションが安定します。

マインド6：「○○な私を手放します」

本当は自分らしくないと気づいているのに、周りに合わせて自分を取り繕っている。そんなところはありませんか？

自分らしくあるために、外向きにカスタムした自分はいりません。「○○な私を手放します」と口に出してみることで、気持ちにスイッチが入り、変化のきっかけになります。

マインド7：「私の気に入らない私を受け入れる」

自分のここが嫌い。そういう部分を誰しも抱えているものです。でも、嫌いなところも含めて自分です。肯定も否定もせず、「私の気に入らない私を受け入れる」と言葉に出して、受け入れる練習をしましょう。

※マインド1～7を何度も声に出してみましょう。マインドを意識して日々を過ごすことで、少しずつ身についていきます。

執着を手放すためのエクササイズ

いざ「執着を手放そう」と思っても、そう簡単には手放せないのが執着です。むしろ、簡単に手放せないからこそ、執着だとも言えます。

執着をいきなり何もかも手放すのではなく、一つずつ手放しても大丈夫ですが、できる限り全部手放しましょう。中途半端に手放すとそれが執着になるので、手放すときは思いっきり手放すことがコツです。

ここで、私が自分自身で実行し、そして多くのご相談者さんにも試していただいて効果のあった「執着を手放すためのエクササイズ」をご紹介します。

① 紙に書き出して「執着」を自覚する

思ったことを何でもいいので紙に書き出してみましょう。

頭の中にふと浮かんだ言葉やすぐに消えてしまう感情を掴み、紙に書き出すことで整理していきます。

書き出していくうちに、自分の中の「執着」が見つかるでしょう。

自分を束縛しているその「執着」、本当にそこまで大切なものですか？　紙に書き出し、自分から切り離して見つめてみると、「これが絶対ってわけじゃないな」「これがすべてじゃないかも」と、冷静に判断できるようになります。

たとえば、「恋愛したい」「結婚したい」と強く思っていると、誰かと出会ったとき「この人の恋人でいたい」「この人と結婚しないと一生結婚できない」と感じるかもしれません。

でもそれは、もしかしたら〝パートナーのいる自分〟でいたいからではありませんか？　一人でいることの怖さ、失うことのつらさが隠れているかもしれません。

「何が何でも恋愛したい」「何が何でも結婚したい」という執着を手放してみてください。「今まで私のために、このままじゃダメだという思い込みをつくりあげてくれてありがとう。でも私にはもう必要ないから、大丈夫だよ」と心の中で唱えましょう。声に出すと、さらに効果がアップします。

あらゆる執着を手放すと、その先に「自分が本当にしたいこと」を見つけ出すことができます。

執着が邪魔をすると、本当にしたいこととは違うものを追いかけ続けることになります。それでは心が満たされることはありません。だから、「もっと欲しい」と執着し続けてしまうのです。自分らしく生きるとは、「何を手に入れるか」ではなく、「何を思うか」で決まるのです。

② 本来の自分を目覚めさせる「5つの確認」

執着を手放すためには、「自分の本当の気持ち」に気づくこと。

自分の本当の気持ちを知るために、次の5つの質問を自分自身に確認してみましょう。

1. 「その状態の自分は好きになれる？」
2. 「それは、今本当にしたいこと？」

3.「それは、今の自分にふさわしい？」
4.「その気持ちをずっと心に持っていたい？」
5.「それがないと、生きるうえで困るかな？」

一つひとつ自分の心に質問していくと、「あれ、ちょっと違うかも……」と思うことがあります。自分にしっくりこないものが見つかったら、自分の中でその優先順位を下げてみましょう。

この質問をしても「うん。これは私にとって大切なもの」と思えるなら、それはそのまま大切にしておきます。

自分にとって本当に大切なものを選びとるチカラが身につけば、不要なものを手放すことができるようになっていきます。

尽くしすぎないことも必要

お世話や手助けをしたのに、相手からお礼の言葉もなく、自分が尽くしたことすら気づいてもらえなかった。

そんなとき、

「あなたのためにしたのに……」

「私ばかりが頑張っている」

という気持ちになるのなら、頼まれていない世話をしているサインかもしれません。相手に執着して、尽くしすぎるのはやめましょう。

困っている人を見ると、つい手を貸したくなる気持ちはとてもわかります。特に自分よりも年下の人やパートナーに対しては「何かしてあげたい」と思ってしまうものです。しかし、頼まれてもいないのに過剰に身の回りの世話をしたり、自分の予定より相手の予定を優先しなくていいんです。尽くしすぎると、かえって押しつけになることもありますし、自分の時間や心が犠牲になることもあるからです。

また、困っているように見えるけれど、本人にとっては大したことではないかもしれません。困ってはいるものの、他人に踏み込まれたくないということもあるでしょう。「余計なお世話」や「ありがた迷惑」にならないよう、相手の都合や事情も知らないまま、ズケズケと踏み込んでいくことは控えるべきです。

相手を尊重し、相手の成長のために、時には見守り、頼まれていなければ何もしない。

相手が必要としているのかを確認し、適切なタイミングで手を貸すことを意識しましょう。相手の幸せのために自分の幸せを犠牲にせず、相手の役に立つことを無理なく提供するのです。そこには無理も我慢も必要ありません。

必要のない関わりを手放して、その時間を自分のために使うこと。自分を大切にできる人は「関わらない強さ」を持っています。

執着は願望実現の邪魔をする

実は、強く願えば願うほど、その願いの実現から遠ざかってしまう場合があります。「絶対に叶えたい！」と自分に強く言い聞かせることは、「これは叶わないような難しい願いだ」と強く認識していることの裏返しだからです。「絶対に叶えたい！」と思うたびに、「無理だ、無理だ」と自分の潜在意識に言い聞かせているようなもの。これでは、なかなか願いが叶いません。

叶えたい願いがあるなら、次の3つを意識しましょう。

願いを叶える3つのコツ

1.「絶対に叶える」「～したら良くなる」という執着を手放す
（先ほどの執着を手放すエクササイズを参照してください）

2.「後は神さまに任せよ～」と気楽にリラックスする

3. 日常生活や仕事の「今するべきこと・したいこと」を楽しむ、気にしない

（「気にしたって何もできない」と割り切ることが大事です）

05 違和感を見逃さない

違和感を見つけるコツ

違和感というのは、「よくわからないけれど、なんかちょっと違う」というあいまいな感覚です。

なので、気づかずに見過ごして、自分を苦しめていってしまうことがあります。

そうならないためにも、違和感が出てきたらそれを見逃さないことがポイント。

違和感を見逃さないコツは、次の3つの感覚に注意することです。

1.「え？」時が止まる感覚

思わず「え？」と声が出てしまいそうな、理解ができず時が止まるような感覚になることがあると思います。

「え、そんな言い方しなくても……」「え、さすがにそれはないでしょう」と、気持ちが引いてしまう感じ。

納得できないような感覚は、違和感の一つの形です。

2.「何かおかしい」なんとなく引っかかる感覚

ちゃんと説明はできないけれど、なんだかスッキリせず、気持ちの悪さが残るとき。

たとえば、みんなは「いい人」だと言うけれど、なんだかちょっと違う気がする。「いい人ではあるけれど、何か引っかかる」そう感じるときは、あまり深入りしないほうがいいでしょう。

「なんとなく、そんな気がする」という感覚も、違和感の一つの形です。

3.「よくわからない」モヤモヤする感覚

はっきりとはわからないため、なんとなくその場は流してしまう。でも、時間が経てば経つほどモヤモヤが増してくる。

「頭では理解できるけれど、なんか嫌」「特に理由はないのに、なんか行きたくない」腑に落ちない感覚もまた、違和感の一つの形です。

これら3つの感覚に注意しておくことで、違和感を見逃さなくなります。

違和感とは、過去の経験から導き出される「おまもりサイン」。

あなたが合わない道を進もうとしているときに、違和感という形で「そっちじゃないよ」と過去の自分が知らせてくれています。

「深掘り」で違和感を明確にする

「違和感あるかも」と気づいたら、その違和感を深掘りしてみましょう。深掘りすることで、「なんとなく」だった違和感がはっきりし、その先どうしていけばよいか、自分の歩むべき道が見えてきます。

たとえ些細なことであっても、違和感があれば必ず立ち止まり、深掘りする習慣をつけましょう。

もしあなたが「信じなきゃ」「行かなきゃ」と感じているなら、それは、違和感を無視して進もうとしていることを意味します。

誰かといるとき、「いい人なんだけど……」と思いはじめたら、それは相性が悪いという合図。そこで「でも、この人を信じなきゃ」と考えてはいけません。

どんなに周りが「いい人」だと言っても、その人が自分にとっても「いい人」であるとは限らないのです。

知れば知るほど嫌になる人、違和感が出てくる人がいたら、それは、あなたの深いところで相性の悪さを察知しているということです。

そのような場合には、深掘りすることで違和感を味方につけ、今後の身の振り方を考えるヒントにしてください。

相手に対して深掘りする

深掘りするために、違和感を捉えた部分について、相手に質問をしてみましょう。

「答えにくかったら大丈夫ですが、～についてお聞いてもいいですか？」

「もし失礼になってしまったらごめんなさい。それはどういう意味なのか少し教えてくれませんか？」

相手の反応を見ることで、「違和感は勘違いだった」とわかるかもしれません。あるいは、余計に違和感が強くなることもあるでしょう。

いずれにしても、なんとなくモヤモヤしていた違和感の正体がわかりやすくなります。

自分に対して深掘りする

相手に聞くことができない場合には、自分の気持ちを深掘りしていきましょう。

「私はなんで、え？　と思ったんだろう」

「私はなんで、おかしいと思ったんだろう」

「私はなんで、よくわからないと思ったんだろう」

「なんで」と問いかけて、違和感の原因を探ってみる。

違和感を違和感で終わらせず、「なんで？」と突き詰めていく。原因がはっきりしなかったとしても、深掘りすることで、その違和感が解消したり、強くなったりします。

違和感の深掘りは「自分はこれからどうしたいのか」自分の行動を決めるきっかけになります。

違和感を放置すると、時間が経っても消えず、どんどん成長してしまう場合もあるので、「おまもりサイン」を鍛えて、違和感と向き合いましょう。

「おまもりサイン」の筋トレメニュー

① 体や心の変化を注意深く見る

何らかの活動をしたり、誰かと会ったりしたときは、帰宅後、落ち着いた状態で体や心の変化を観察しましょう。

体調が悪いとか、家に帰った途端どっと疲れが出るとか。これらは「おまもりサイン」かもしれません（風邪のひきはじめなど、体調不良のこともあるので、そのときは休養をとってくださいね）。

一日の終わりに自分の心身の状態を振り返ることで、「おまもりサイン」に敏感になっていきます。

② 感じられる余裕を持つ

違和感や直感は、体・脳・心に余裕がなければ働きません。自分のキャパシティがめいっぱいにならないように、余裕を作ることを心がけましょう。

③ 他人の選択を安易に採用しない

「あの人が薦めていたから」「あの人がいいと言っていたから」と、自分以外の誰かの選択をひたむきに信じてはいけません。

自分で使うモノは自分で選ぶ。自分で食べるものは自分で選ぶ。選ぶことに時間がかかってもいいんです。「自分の意思で選ぶ」という行動が大事。他人の意見はあくまで参考程度にとどめておきましょう。

自分の感覚を無視して他人の選択に乗っかってばかりいると、自分の軸がブレてしまい、「おまもりサイン」に気づきにくくなります。

06 不安を溜めない

人は、よくわからないことに不安になりがちです。

未来のことは誰にもわかりませんから、みんな常に何かしらの不安を感じています。希望のない話に聞こえるかもしれませんが、実は不安を全部なくすことはできません。ですが、不安を軽減させること、不安にとらわれなくすることはできます。

不安を脳内変換する

何かにチャレンジするとき、大きな不安を感じるものです。それは、そのチャレンジが成功するか、失敗するか、わからないからです。

不安のあまり、チャレンジを諦める人もいるでしょう。

しかし、結果がわからないからといって諦めるなんて、もったいない。
もし、不安を感じたら、次のように考え方を変えてみてください。

×「どうなるかわからない、不安」

↓↓

○「どうなるかわからないから、面白い」

なかなか不安が消えないときは、「どうなるかわからないから、面白い」と何度も唱えてみましょう。

わからない状況を、「不安」から「面白い」に変換するのです。すると、多少の困難があっても、「やりがいがある」と脳に素敵な思い込みをさせることができます。

日本特有の文化、リスク回避

日本人は、とにかく失敗を恐れます。

子どもの頃から「間違わないように」とリスクを避けるように教育され続け、いつしかチャレンジする気持ちを失っていきます。

「失敗はいけないこと」「わからないものは危険」と考えるようになり、「よくわからないことはしないでおこう」と考えてしまうのです。

このリスク回避思考の注意点は、「行動しない」という選択が頭の中で完結し、体が動かないため、自分が「行動しない」という行動を取っていることに気づきにくい点です。

また、このリスク回避思考が癖づいていると、とにかく不安を感じやすくなってしまいます。

不安に付きあわない

大なり小なり、誰もが何かしらの不安を感じています。不安があるのは、決して異常なことではありません。

ですから、「不安なんて人間だからあって当たり前」と、不安がある状態を受け入れましょう。ダラダラと不安に付きあわないことです。

不安とは、将来に対して感じるもの。つまり、不安を感じているときは、「今」をサボっている状態です。「今」をないがしろにして、未来がよくなるはずがありません。不安に付きあい続けると、その不安が当たるのは、そのためです。

先々のことばかり考えずに、今日のことを考えましょう。未来に向けて計画を立てるならいいですが、先行きの見えない不安に怯えなくていい。「不安になっているな、不安になっちゃうよね」と受け入れて、不安を手放しましょう。それから今、自分は何をしたいのか・何をしたくないのかを考え、「今」を楽しみましょう。

ネガティブは「気分」、ポジティブは「技術」

不安を遠ざけるためには、ネガティブをなくすのではなく、自分の周りをポジティブなもので囲ってしまうと想像以上に素敵です。

たとえば、部屋をお気に入りのグッズでいっぱいにするとか、勇気が出る格言を読むとか、「私はポテンシャルが超絶高い」と前向きになれる言葉を言うとか。

気分はコントロールできませんが、行動ならコントロールできます。

・捉え方を意識して、ポジティブに捉える
・思考を意識して、ポジティブな思考をする
・情報収集を意識して、ポジティブな情報を集める
・言葉を意識して、ポジティブな言葉を言う

感情と今やるべきことを切り離してみましょう。すると、気分に左右されなくなります。

意識して行動を変えていく「技術」があれば、即座にポジティブになり、不安とさよならできます。

不安を一人で「発散」させる

不安な気持ちになったら、次のような方法で発散しましょう。

○頭に浮かんだ言葉を、すべて紙に書き出してアウトプットする
（「紙に書き出す～気が向いたら日記～」参照：109ページ）
○運動をして思いっきり汗を流す
○一人カラオケなどで大声を出す
○部屋の片付けや掃除をする
○ふと思ったことをすぐに実行する
（後回しにせず、思ったまま行動してみましょう）
○無になる時間をもつ
（瞑想や半身浴など。ゴロゴロするのもおすすめです）
○夢中になれるものや没頭できる時間をもつ

「これをやれば得をする」「もっと自分を高められる」といった利益を得られる行動でなくて大丈夫です。シンプルに「自分が好きなこと」をすればいいのです。

あなたの周りでキラキラ輝いている人はいませんか？　そういう人は、必ず何かしら好きなことをしています。心がイキイキして、それが外見にも溢れ出ます。そして、心身ともに老化しにくくなり、いつまでも若々しさを保ちます。

「充実した時間にしなければ」と、無理に楽しいことを探す必要はありません。「何にもしない時間は最高！」とダラダラ過ごしてもＯＫ。自分が「気持ちがいい」と感じることをしましょう。

発散するときは、「一人で行う」ようにしてください。感情は、人に伝染します。不安な状態で誰かと一緒にいると、相手まで不安な気持ちになってしまうのです。

他人にどうにかしようとしてもらうのではなく、自分のことは自分で対処しましょう。でも、自分で対処する際におすすめしない行動もあります。次のことには気をつけてください。

△人に相談する

不安なことがあると人に相談して解決したくなるかもしれませんが、それはあまりおすすめしません。人と話して不安を解消しようとすると、誰かに依存する気持ちが強くなってしまうことがあるからです。

△SNSに書き込む

紙に書かずにSNSに書き込む人もいますが、それも、注意が必要です。SNSに書き込むと、「いいね」の数や反応が気になり、承認欲求が刺激されてしまう傾向にあります。

×暴飲暴食、買い物、情報収集(SNS・テレビ・映画・本)

不安なときは、「得る」「足す」行為はやめておきましょう。

これらの行為はその場しのぎにすぎないからです。瞬間的に満たされた気になるかもしれませんが、不安は全く解消されていません。

しかし、一時的に楽になるので、何度も繰り返してしまいます。

「一人で発散させるのは難しいな」と、やり始めや慣れないうちは思うかもしれません。しかし、やっていくうちに感覚が身についていくので、諦めずに続けてみてくださいね。

07 我慢をしすぎない

日本では、なぜか我慢が美徳とされているようなところがあります。我慢できる人が大人。相手の幸せのために我慢することが正しい。我慢をすることが迷惑をかけないこと。そのような考え方が当たり前になっています。


しかし、我慢しすぎはよくありません。

我慢するだけの価値があるときだけ我慢すればいい。

私たちは、他人のために生きているわけではありません。我慢するために生きているわけでもありません。

「頑張らなきゃ」は我慢しているサイン

自分ばかり頑張っているような気がして、しんどいと感じている。そんな人は、周りの空気を大切にして、ひたすら我慢しています。

言いたいことを言わない。言いたくないことを言う。したいことをしない。したくないことをする。自分の意思とは違う行動をするから、しんどくなるのです。

しんどいと感じたら、「我慢をしてまで、それはやりたいことなのか」と考えてみましょう。

我慢できる人が大人なのではなく、「我慢しなくてもいい環境を探し出せる人」「我慢できないことを我慢せず、適切に対応できる人」が大人です。

人間というのは、つらいことをずっと我慢し続けられるほど強くできてはいません。自分の「限界」は、ある日突然訪れます。

我慢を早めにやめなければ、自信を失い、人生を楽しむ気力も残りません。

頼りたくても頼れない。甘えたくても甘えられない。我慢に我慢を重ねると、体に症状が出はじめます。ストレスが体に出るのは、決して甘えではありません。甘えるから体調を崩すのではなく「甘えられない」から体調を崩すのです。手を抜きたくても手を抜けないタイプの頑張り屋さんほど、ストレスで体を壊します。

誰かのためではなく、自分のために生きよう

カウンセリングに来る人の多くが「○○ができるようになりたいです」と、自分を変えようとしています。

たとえば、「親を安心させたい」「パートナーに愛されたい」「職場でうまくやっていきたい」など。

それは、「自分のため」ではなく、「誰かのため」に尽くしていることがほとんどです。

誰かのために、本当にあなたが変わる必要はあるのでしょうか？

あなたの人生の目的は何ですか？

「自分らしく生きる」ではありませんか？

あなたの生きる目的は、誰かに認めてもらうためではありませんよね。

また、お金を多く稼ぐことでもありません。誰かと付きあうことでもなければ、結婚することでもないでしょう。

誰かに認めてもらいたいと思うのも、お金を稼ぎたいのも、結婚したいのも、すべて「自分らしく生きるため」のステップにすぎません。


自分らしく生きるために、遠慮は無用です。

他人のために自分を犠牲にしなくていい。

嫌なことは「嫌だ」と言葉や行動で示していい。

傷ついたことを相手に伝えていい。

どう思っているかをそのまま素直に話していい。

わからないなら何度でも確認していい。

最初はＯＫだったけど途中で気が変わってもいい。

相手が誰であろうと、自分の考えを曲げなくていい。

変わるのか、変わらないのかは他の誰でもなく、自分で決めていいのです。

我慢の上に成り立つ幸せなんて、ありません。

今日から少しずつ、我慢をやめていきましょう。

大変なことがあったら手伝ってもらえばいいし、無理だと思ったら断ってもいいのです。

手伝いを求めたら、喜んで手伝ってくれる人がいます。頼まれごとを断っても、「そっか。それなら他の人をあたってみるね」くらいです。あなたが思うほど相手はショックを受けませんから、大丈夫。

「あえて我慢をしない」ことで、「あなたらしく」生きやすくなりましょう。

08 心配しすぎない

心配とは「心を配る」と書きます。

この言葉のとおり、小さなことにも気づき、些細なことでも気にかける人のほうが、心配性なことが多いものです。

そして、自分のことを大切にする人は自分の未来を心配し、大切にしている相手がいると、その相手のことを心配します。

心を配ること自体は、決して悪いことではありません。心を配ることで、失敗やつまずきを予防できるし、困っている相手への丁寧なケアだってできるようになります。

しかし、心配しすぎはよくありません。

過度な心配は、相手にとって負担になります。そして、自分自身も、心配しすぎると心に大きな負荷がかかってしまうのです。

感情を追いかけない

過度な心配をしないためには、自分の感情を深追いしないことが大事です。

そのためにも、自分とその感情を、冷静に客観視するとよいでしょう。

①過去の心配を振り返る

これまでに自分がしてきた数々の「心配」を振り返ってみてください。その心配は、どれくらい当たりましたか？

「心配事の9割は実現しない」と言われています。

心配しても、そのほとんどが実際には起こらないのです。

心配は、ほぼ「妄想」。

心配しすぎて心を擦り減らす必要はありません。

それよりも、もっと楽しいこと、前向きなことに心を配りましょう。

②相手と必要なコミュニケーションを取る

相手を心配しすぎてしまうのは、「相手のことをよく知らない」から。つまり、必要なコミュニケーション（話す・聞く・共有する）ができていないのです。

コミュニケーションは、相手の表情や反応を観察しながら行うことがポイント。特に、その人がどのような考えや意図を持っているのかを知ろうとすることが大事です。ここでいう「意図」とは、相手が「何のために言ったのか」「何を伝えようとしているのか」「どのような状況からそう言っているのか」といった「理由・目的・経緯」です。

このとき、「何を言ったのか」や結論ばかりに着目しないように、注意しましょう。言葉の表面上の意味だけを真に受け、話の結論だけで判断したのでは、相手の本心を知ることはできません。同じ言葉でも、人によって「抱く感覚」や「理解している意味」は違います。相手の言いたいことを自分に都合よく解釈しないように心がけましょう。

たとえば、相手が「もっと優しくしてほしい」と言ったとき。
なぜ「優しくしてほしい」と言ったのか？
相手の思う「優しさ」とは、どのようなことを指すのか？
今、話を聞いてほしいのか？
優しさを感じない行動を自分がしているのか？
と考えてみましょう。

同じ言葉でも「言葉の意図」はその時々で違います。意図がわからないときは、相手に確認をすることも大事です。

相手に確認をするときの聞き方

○「どうしてそう思ったのか、教えてもらえるかな？」
○「〜という解釈であっている？」
○「それってどういう状態？」

このとき、「あなたを知りたい」「あなたのことをわかりたい」という気持ちで確認をしましょう。確認を重ねると、少しずつ相手の意図がわかってきます。

相手の気持ちを確認することで、「本当はそう思っていたんだな」と、相手の本心に気づけたり、余計な心配をしなくなります。

③別のことをして、気をそらす

心配しすぎると、他のことが全く手につかなくなり、そのことばかり考えてしまうようになります。

もし、このような状態に陥ってしまったら、心配事から気をそらしてみましょう。運動や趣味、スキルアップや自分磨きなど、自分の時間に集中することが一番のおすすめです。それが難しければ、散歩や入浴でも大丈夫です。

または、早く寝ちゃいましょう。「なんか心配になってきたから、もう寝よーっと」と、寝てしまう。次の日は嘘みたいにスッキリしているはずです。疲れているとき、睡眠不足のときは、どんどんよくない方向に考えてしまいがちなので、たくさん寝て、心身をリフレッシュさせてください。

よく食べる。よく眠る。身体をよく温める。よく休む。散歩や運動で体を動かす。日光を浴びる。ストレスやフラストレーションを発散する。

「人間の基本の生活」を整えることで、心と身体にリズムができて、余裕が生まれやすくなります。うまくいかないときは「基本」を忘れているだけです。

09 完璧主義にならない

あれもこれもすべてをきちんとしなければ気がすまない「完璧主義」になってはいませんか？

もちろん、「どれも手抜きせず、きちんとしよう」という気持ちは素晴らしいです。しかし、思うように物事が進まなかったとき、その前向きな気持ちがなくなって、自分を苦しめてしまうことがあります。

「なんでもっとできないの」
「こんなに頑張っているのに……」
「まだ何もできていない」

このように自分を追い込んでしまったのでは、せっかくの前向きな気持ちが台無しです。

実は落ち込みやすいのは自己肯定感が低いからではなく、自己評価水準が高いことが原因です。「きちんと行いたい」気持ちが強すぎるあまり、自分の「普通」のハードルが高くなっているのです。

「○○しなきゃ」
「こんなこと、できて当たり前」
「理想どおりにしたい」
「これができない自分はダメ」

これでは、自分に対するハードルを上げすぎです。

しなきゃ宗教の熱心な信者になっている

幼い頃から親や周りに「これしなさい」と言われて、「全部しないといけない」と洗脳され続けると、達成できなかったら「自分の力不足」だと思い込むようになります。そして、どんどん自信を失ってしまいます。

ずっとこんな気持ちでいるなんて、まるで蜃気楼の中を走り続けているようなもの。

「しなきゃ」があったからこそ、ここまで生きてこられたという一面は、たしかにあります。しかし、自ら高い目標（理想）をかかげてしまい、それがプレッシャーや義務となって、

「できていない＝私は頑張っていない」
「私だけできない＝私は何してもダメだな」

と自分を責めだしたら危険信号です。

どうにもできないことは「どうにもならない」と割り切ることも時には大事。自分

では手に負えない領域もあると認めることで、本質を掴めることもあるのです。

終わらせる意識を持つ

どうにもならないとき、潮時を見極めるには、次のようにするとよいでしょう。

1．優先順位をつける

物事に優先順位をつけることで、「私にはもっと重要なことがある」と気づき、切りあげるべきときが見えてきます。

2．時間を区切る

「あと30分やってみてダメなら、プロに頼もう」

「○日までやって無理なら、そういう縁」

と、自分でトライする時間を区切ることで、ズルズルと引きずらなくなります。

3．頑張りすぎない「ヌケ感」がちょうどいい

毎日の暮らしに手間をかけ、丁寧な生活をするのも魅力的ですが、マルチタスクをこなして、なんでも一人で抱え込んでいませんか？　野菜たっぷりのヘルシーなごはんの日もあれば、たまには欲望のまま好きなだけ食べる日もあっていいんです。次の日に調整すればＯＫと「禁止＝～しちゃダメ」をやめて、「自分を大切にすること」に妥協しないでおきましょう。

4．明日できることは明日する

行き詰まってしまったら、今日できなくてもなんとかなることは、明日にまわしましょう。頭と心は連動しているので、思考を止めるために寝る。寝て起きたら、気分がスッキリして、作業が順調に進むこともよくあります。

まずは一つに集中する

完璧主義の人は、何事もきちんとしなければ気がすまないところがあります。

しかし、「アレもコレも」と同時進行していると、どうしても集中力は分散されます。その結果、すべてが中途半端になってしまいます。

そして、「何をしてもうまくいかない」「私はダメだ」と、負のスパイラルに陥ってしまうのです。

そうならないためにも、とりあえず一つのことに集中しましょう。その一つを軌道に乗せ、心のゆとりが出てきてから、次のことに手をつけるのです。

やることがたくさんあって焦っていても、最初に5分だけ、今の状況で「最も重要なこと」を決めましょう。一人静かに頭の中を整理する時間を設けることで、状況の交通整理ができ、心のゆとりも生まれます。

「自分を変える」のではなく、「状況を変える」ことがコツです。

できたことを見つける

できなかったことを責めるのではなく、できたことを見つけるように心がけましょう。できたことはあなたにとって「できて普通」なので、意識して探さなければ気づくことができません。

日々の生活をこなすだけでも、大変なこと。普通ではありません。本当に「何もしていない」人などいないのです。

×ここができていない、あれもダメ

ではなく、

○今日の仕事はここまでできた

○掃除機をかけられた

と、できたことを見つけていきましょう。普通こそ、かけがえのないものです。

SNSなどを見ると、結婚、家庭と仕事の両立、正社員としてバリバリ働く、キラキラした趣味など、他人の「きちんとしてるっぽい生活」「まっとうな感じの生き方」が嫌でも目に入ってきます。しかし、SNSに上がっているのは、キラキラした一瞬を切り抜いたもの。カメラのないところでは、みんな似たり寄ったりの苦労をしているものです。

周囲のキラキラに惑わされず、「自分はどうしたいのか」「自分はどうありたいのか」

と自分を確立させることが大事です。

完璧主義な人は、手本となる人を見つけると、つい、そこを目指したくなってしまいます。しかし、それが本当に自分のしたいことなのか、ただの一時の憧れなのか、しっかり見極めましょう。

前提を変える

「できて当たり前」という前提を、変えましょう。

「できて当たり前」だと思うから、できない自分を「ダメな人間」だと感じてしまうのです。

そうではなく、「できなくて当たり前」だと思ってみてください。

「できないことがあってもいい」と自分に許可して、「できないことがあるのは当たり前」と、受け入れましょう。

「うまくいったらラッキー」くらいでいると、物事のハードルが下がり、毎日が楽しくなります。

できても、できなくても「自分は自分」。

何かができるから自分に価値が生まれるわけではありません。

自分の価値に条件は不要です。誰に何を言われても、自分は自分であるだけで、史上最高、唯一無二。

10 正解を探さない

学校での勉強と違い、社会や人間関係の問題には、正解が存在しないことがほとんどです。

正解を探そうとしても、どれもしっくりこない。探せば探すほど、自分を見失ってしまいます。

自分が考えている理屈が、自分にとっての「正解」とは限りません。

たとえば「女性は料理ができるべきだ」を正解だと信じていると、「料理のできない私はダメだ」と思ってしまいます。

しかし、「女性は料理ができるべきだ」は本当に正解なのでしょうか？

そうとは限りませんよね。今の時代、男性だって料理の上手な人がいて、料理の苦手な女性と素敵なパートナーシップを築いていることもあります。また、上手に外食や冷凍食品などを取り入れて、料理が苦手でも健康的な食生活を送っている人もいます。

見る視点によって、正解は変わるものです。

情報を鵜呑みにしない

世間で言われていることのほとんどが、「誰かがつくり出した、誰かにとっての正解のようなもの」。それが正解だと信じ込む前に、「今の自分に合っているか」を自分の目で見て、自分の頭で考えて確かめましょう。

「今の自分に合っているか」を確かめるために、3つの「ム」をなくしましょう。

【ムリ】をなくす

ムリは、自分を追い詰めます。

「まだ足りない」「もっと評価されるべき」といった思考から、間違った努力をしてしまいがち。

自分がムリをしていないかを判定するために、ときどき「その自分を好きでいられる？」「それは本当にしたいこと？」と自分に問いかけてみましょう。

【ムダ】をなくす

頑張るあまり、必要以上なこと、余計なことをする人がいます。

考えても変わらないことについては、それ以上考えるのをやめましょう。

お金をかけすぎて、自分の将来のためにならない浪費をやめましょう。

それなりでいいことに、時間やお金や心をかけすぎてはいませんか？

「これで充分」「ほどほどに」を合言葉に、ムダをなくしていきましょう。

【ムラ】をなくす

気分のムラが大きく、情緒が不安定になっていることはありませんか？

さっきまでやる気満々だったのに、急に落ち込んでしまうなど、気分のいいときと悪いときの差が激しくなってしまう。そんなときは、「頑張れる周期から、頑張れない周期に切り替わったみたい。ちょっと休もう」と、一休みしてください。

ムリ・ムダ・ムラを感じたら、それは、「今の自分にふさわしくない」というサインです。

大事な決断は「元気なときに決める」

何かを決断するときは、大きなエネルギーを必要とします。疲れていると、決断できなかったり、楽なほうに流されてしまったり、判断を間違えてしまったりします。

大事な決断は、元気なときに行いましょう。

もし、何をすればよいかわからないときは、無理に決断しなくてもいいんです。よくわからないまま決断すると、のちのち後悔することが多いもの。

よくわからないときは、「何もしない」が正解です。

決断のタイミングは「したい!」と思ったときです。

大事なのは、自分の気持ちと情熱。頭であれこれ考えて、タイミングを逃してしまう人が多すぎます。頭で損得勘定していたら、動くべきときに動けなくなってしまいますよ。

何かにチャレンジしようと思ったら、やったことがないのに不可能だと決めつけないことです。何事も実際にやってみないと結果はわかりません。やってみた先に得られるものが、たくさんあります。

もし、あなたの周りの10人があなたのチャレンジに反対したとしても、その10人全員が間違えていることだってあるのです。

世間が何と言おうと、自分の人生を生きることができるのは自分だけ。たとえ親であっても、あなたの人生をコントロールすることはできません。あなたの人生は、あなた以外の誰のものでもないのです。

誰も責任を取ってくれないのだから、失敗も成功も、自分で選択した結果のほうが納得できると思いませんか?

自分の進む道は、自分で決めましょう。人生の決定権はあなたにあるのです。

0か100かで考えない

物事を、正解か不正解、黒か白、0か100で考えてはいませんか？

世の中、そんなにスパッと割り切れるものではありません。正解でも不正解でもないもの、グレーなもの、30とか65みたいな大きいのか小さいのかわからないようなもののほうが、ずっと多いのです。

「〜はするほうがいい」「〜はしないほうがいい」

「これがいい」「これはよくない」

こんな極端な考え方をしていたのでは、自分の選択を狭めてしまいます。

自由な選択ができるようになるためのスタイリング方法をご紹介します。

スタイリング1：場面ごとに使い分けをする

さまざまな選択肢を、場面に合わせて取り入れてみましょう。

・この場面では「なんとなくしないほうがいい」と思うから、しないでおこう
・この場面では「なんとなくしたほうがいい」と思うから、勇気を出してやってみよう

スタイリング2：取り入れる比重を調整してみる

0か100か、「する」か「しない」かではなく、ブレンドして中間を取ってみましょう。

・今は「する」を40、「しない」を60くらいでいってみよう
（さわりだけやってみる、下調べだけしておく、など）

「中途半端も一つの形」です。中間の状態を「柔軟性」として活用できると、可能性が広がります。

スタイリング3：0と100を出す機会を増やす

時には極端に振れてみることで、感覚を取り戻すことができます。

・今日は「0の日」、思いっきり休もう
・今日は「100の日」、全力で取り組もう

このように、メリハリをつけてみましょう。
「0ができる才能」「100ができる才能」を確認することで、その中間にとどまる感覚も養われていきます。

部分的に見る

相手に対して、「すべてがこう」と決めつけないようにしましょう。人には、さまざまな側面があるものです。また、そのときの状況や体調などによっても、普段と違う言動を取ってしまうこともあります。

×「初めは丁寧な人だと思ったけれど、今日はひどい言い方をされた。きっと不誠実な人に違いない」

○「あのときの対応は丁寧だなと思ったけれど、今日の言葉は自分には受け入れられない」

すべてにおいて完璧な人などいません。

受け入れられる部分もあり、そうでない部分もあるでしょう。受け入れられない部分があったからといって、相手のすべてを拒絶するべきではありません。

これは、さまざまな情報に対しても同じです。

×「あの情報は正解だったけど、今日書かれた情報は間違っていたからよくない情報」

○「この情報には共感したけど、この情報は自分には当てはまらなかった」

「一つがダメならすべてダメ」という極論ではなく、一つひとつ丁寧に判断してみましょう。きっと見方が変わって、ワクワクしてきますよ。

正しく生きなくていいんです。人として美しく生きること。

11 頑張りすぎない

頑張ることは、素晴らしいことです。しかし、頑張りすぎていると、いつかパンクしてしまいます。しかし、頑張り屋さんに「頑張るな」と言っても、なかなか難しいでしょう。そこで、「何かをする」頑張りではなく、「あえて何かをしない」という頑張り方をおすすめします。

何を言うかではなく「何を言わないか」
何を気遣うかではなく「何を気遣わないか」
何をするかではなく「何をしないか」
誰と関わるかではなく「誰と関わらないか」

「何かをする」という行動の足し算ではなく、「何かをしない」という行動の引き算をするのです。「する」「しない」を選択することで、環境に変化を促し、これから引き寄せるものをよりよいものへグレードアップできるようになります。

頑張らない時間を頑張る

常に「頑張るモード」だと、時間をとられ、心身にも負担がかかり、生活がてんてこまいになります。

「疲れたら休めばいい」と思うかもしれませんが、そうではなく、疲れる前に休むことが大事です。「したいことのはずなのに、何だか楽しめない」これが、休むタイミングがきたサインです。

いつもできている当たり前のことができない日があったっていいんです。

頑張りたいのに頑張れないときは、「私って、意外と頑張っていたんだな」と自分を認め、自分を休ませてあげましょう。

休んだくらいでは幸せは逃げないので、安心してゆっくり休んでくださいね。

「オン」「オフ」を決めて、メリハリをつける

「頑張らない」が上手な人は、「オン」「オフ」の切り替えの上手い人です。

「オン（頑張り）」のときは、目の前のことだけに集中します。そして、「オフ（休み）」のときは何もせず、ゆったり過ごしてエネルギーをチャージします。

オン・オフの切り替えは、自分の体や心からのリクエストに応えて行いましょう。

自分の「頑張りたい」「休みたい」という声に正直になることが大事です。

体や心からのリクエストに応えるというのは、たとえば次のようなことです。

・お腹が空いたら、ごはんを食べる
・寝たいだけ寝て、目が覚めたら起きる
・行きたいところに行く
・好きな趣味をする
など

「みんな休んでないし」「普通はもう少し頑張るものだよね」といった、他人軸で考えない。また、「やらなきゃ」といった義務感も手放しましょう。

自分の心身のコンディションは、自分にしかわからないのですから、「自分はどうしたいのか」に気づき、そのままの自分に寄り添いましょう。やりたいからやる。やりたくなかったら、やらない。正直に従うと、どんどん自分らしく心地よく過ごせます。

休む練習をする

これまでずっと頑張ってきた人ほど、休むことが苦手です。休みの日にセミナーや勉強会に参加したり、仕事に関する本を読んだり。それでは、休んだことになりません。

休むことが苦手な人は、「休む練習」をしてみましょう。

・アイマスクと耳栓をして5分休む
「自分だけの空間」を作り、何もしない時間に慣れる練習です

・あえてキリの悪いところで30分休む
集中しているときに休むことで、再開後に集中力が戻りやすくなります

このような休む習慣を、できるだけ早いうちに身につけておきましょう。休みが突然取れたとしても、休む習慣がなければ心が休まりません。すると、せっかくの休みなのに、休むどころか、焦ったり罪悪感を抱えたりしてしまいます。

「頑張りたいのに頑張れない」は、突然くる

頑張りたいのに頑張れない。これは、心が悲鳴をあげている証拠です。
「心配をかけちゃいけない」「期待に応えないといけない」と、他人の顔色ばかりを

うかがって自分を疎かにしていると、しだいに心も体も動かなくなってしまいます。

こんなときこそ「休む」ことが大事。しかし、いざ休もうとすると、落ち着かない。

みんなが働いているときに自分だけ休んでいることに罪悪感を持ってしまう人もいるでしょう。

そのような人は、ぜひ、次の考え方を参考にしてください。

「休む」罪悪感をなくす3つの考え方

1. 休むことに「理由」はいらない

「疲れている」それだけで休んでいい。

2. 「疲れたら休む」のではなく、「疲れる前に休む」

疲れていなくても休む。元気なうちに休んでおけば、動けなくなることがない。

3. 休むことも「頑張ること」

モノは毎日使い続けると消耗し、壊れてしまいます。これは、人も同じこと。常に消耗しているのです。自分をケアしてあげられるのは自分だけ。休むことも頑張ることの一環として、しっかり日常に取り入れましょう。

休むことも立派な行動です。


人は必要なタイミングに必要な縁が結ばれます。

言葉も出会う人も去る人も環境も経験も。自分にとって必要なタイミングに、必要な縁はちゃんと結ばれます。必要じゃない縁はちゃんと切れる。

焦らず、心配せず、無理をせず。今できることを積み重ねること。

準備が整ったときにタイミングは突然やってくる。

安心してくださいね。あなたは大丈夫ですよ。

Special Work

自分の本音を簡単に引き出す「紙に書き出す～気が向いたら日記～」

自分の本音というのは、自分でもなかなか気づけないことがあります。そんなときは、ぜひ、「気が向いたら日記」をつけてみてください。

やることは簡単です。自分の思ったことを紙に書き出していくだけ。

この「気が向いたら日記」を効率的に行うためには、次のポイントを押さえておくとよいでしょう。

ポイント

・手書きする（達成感が強くなるので）
・ペンの色を変えたり、印をつけたりして、見やすく区別する

・誤字脱字や文法的な正しさを気にせずに書く
・表現と心情が一致していなくてもいい。そのまま受け入れる
・毎日書かなくても大丈夫。気が向いたら書く

では、「気が向いたら日記」の手順をご紹介します。

1 事実（起きた出来事）を書く

例 「話しあいができなかった」

2 「それでどう思った？」と書き足し、素直に湧き出た気持ちを書く

例 話しあいができなかった
⇩ それでどう思った？
⇩ 「自分はダメだと思った」「よくわからなかった」

頭に浮かんだ言葉をそのまま書きましょう。何も感じなければ「何も感じない」と

書いてOKです。感情をそのまま書き出すことで、新たな感情が生まれやすくなります。

3 **「そう思っちゃうよね」と書き足し、自分に共感する**

例 話しあいができなかった
⇩ それでどう思った?
⇩ 自分はダメだと思った、よくわからなかった
⇩ 「そう思っちゃうよね」

心の中の自分を我が子だと思って、慈しむイメージです。「そんなこと思っちゃダメ」と否定されたら、感情が行き場をなくしてしまいます。
あなたの感情は、子どもと同じ。否定したり無視したりすると、かまってちゃんになって、暴れ出します。

4 「でもさ、そう思いたいの？」と書き足し、自分に寄り添う

例 話しあいができなかった
⇩ それでどう思った？
⇩ 自分はダメだと思った、よくわからなかった
⇩ そう思っちゃうよね
⇩ 「でもさ、そう思いたいの？」

自分の心は、あなたの最大の理解者であり、代弁者です。世の中には思いどおりにならないことがたくさんあります。自分の気持ち、感情、体の反応を否定せず、そのまま丸ごと包み込んであげましょう。

5 「本当はこう思いたい」という気持ちを書く

例 話しあいができなかった
⇩ それでどう思った？
⇩ 自分はダメだと思った、よくわからなかった

⇩ そう思っちゃうよね
⇩ でもさ、そう思いたいの？
⇩ 「本当は本音を教えてほしかった」

「こう言いたかった」「相手にこう言ってほしかった」など、自分の願いを掘り出しましょう。ここは、周りの目とか常識は考慮しなくてかまいません。好きなように思い、好きなように書きましょう。最優先すべきは「自分の気持ち」です。自分の気持ちを優先するからこそ、自分を大切にできるようになるのです。

6 「これからどうしたいの？」と書き足し、自分にできる行動計画を立てる

例 話しあいができなかった
⇩ それでどう思った？
⇩ 自分はダメだと思った、よくわからなかった
⇩ そう思っちゃうよね
⇩ でもさ、そう思いたいの？
⇩ 本当は本音を教えてほしかった

⇩ じゃあこれからどうしたいの？
⇩「相手の話の腰を折らずに聞く」
「穏やかな表情をしながら、相手がどんな気持ちになったのか確認してみる」

なりたい自分、理想の自分になりきって、どういう行動をとるのかをイメージしてみましょう。

この手順に沿って書いたものが、「気が向いたら日記」です。

気が向いたときに、ぜひ、トライしてみてください。続けていると、だんだん自分の気持ちが掴めるようになってきます。

「気が向いたら日記」を書くときは、「他人の気持ち」を考えすぎないように注意が必要です。自分の気持ちより他人の気持ちばかりを優先し続けると、そのうちメンタルが病んでしまいます。

もし、一緒にいて嫌な気持ちになるのなら、それが親であっても会わなくてかまいません。感謝できなくてもかまいません。

どうしても本音を引き出せないときは……

これまでずっと他人ばかりを優先してきて、自分の気持ちを押し殺してきた人は、「気が向いたら日記」を書いても、なかなか自分の本音に辿り着けないことがあります。

そんなときは、マイナスな気持ちを書き出し、その「逆」を導きましょう。

自分が「嫌な気持ち」になること、「したくない」「嫌い」「傷つく」「不幸せな状態」「不安定になる状況」を書き出してみるのです。

例

・言いたいことが言えない
・否定される
・後回しにされる
・急に呼び出される

・話しあいを避けられる

書き出したら、これを逆にしてみます。

逆にすると……

↓

↓

・言いたいことが言える

・受け入れられる

・最優先にされる

・事前に確認される

・話しあいをするべきときにできる

これが、あなたの隠れた願いです。

自分の気持ちと向きあった分だけ、大切な人の気持ちと向きあえる

自分の気持ちがわかるようになると、人とのコミュニケーションの仕方も変わります。また、自分自身にできないことは、人に対してもできません。自分自身にできる

ことしか、人に対してもできないからです。

まずは、自分の気持ちを知り、自分を幸せにしましょう。他人への貢献は、その後です。

自分が幸せだからこそ、他者に対しても優しくできるようになります。

「自分への優しさ」は、決して自分を甘やかすことではありません。よりよく生きるためのエンジンです。

自分の気持ちを大切にしていると、だんだん自分のことが好きになっていきます。

人生で誰よりも長く寄り添うのは、自分です。自分が自分の一番の味方でいられるように、もっともっと自分に優しくしてください。

「よく頑張って、ここまで生きぬいてきたよ、自分」

そんなふうに、自分に声をかけてあげましょう。

Special Work

否定しなければ自然と自己肯定感が高まる

カウンセリングをしていると、「自己肯定感を高めたい」とご相談にくる方が大勢います。この自己肯定感の低さに悩む人が非常に多いようです。巷には、さまざまな自己肯定感を高める方法が出回っています。代表的なものに、自分磨きやスキルアップ、自分をほめるワークなどがあります。しかし、残念ながら、これらのことをしても、自己肯定感は高まりません。

では、どうするべきなのでしょうか？
それは、次の2つです。

・お互いを否定しない

・自分自身も否定しない

つまり、「こんなこと思っちゃいけない」「そんなことしちゃいけない」といったダメ出しを、自分にも相手にもしないことです。

「私もあなたもOK」という感覚でいる

自分の感情が理解され、受容されることによって、自己肯定感は育ちます。

美容に例えると、自己理解が洗顔で、自己受容はスキンケア。そして、自己肯定感は化粧に該当します。

洗顔して、スキンケアをしてから、お化粧しますよね。その手順を踏まないと、化粧が崩れてしまいます。化粧が崩れないようにするためには、土台作りが大事です。

つまり、自己肯定感をいきなり高めようとするのではなく、自己理解と自己受容が、まず必要なのです。

たとえば、悲しいことがあってあなたが泣いていたとき、周囲の人はどのような声をかけてくれたでしょうか？

自己肯定感が高まる声かけ

相手「どうしたの？」
あなた「大事なカップが割れたのが悲しくて泣いているの」
相手「そっか、悲しいことがあったんだね（理解）。
それは泣いちゃうよね（受容）」

自分の感情を否定されなかったため、「ありのままの自分・あるがままの自分を受け入れてくれた」と感じて、心が満たされます。そして、「自分が感じていることは間違っていない」「どんな自分でも受け入れてもらえるんだ」と自信が持てるようになります。

理解と受容を得ることによって、「味方でいてもらえる」という安心感を持ち、自信だけでなく、「困ったときはきっと誰かが助けてくれる」という周囲を信頼する力も育まれます。

×自己肯定感を低くする声かけ

相手　「どうしたの？」
あなた「大事なカップが割れたのが悲しくて泣いているの」
相手　「そんなことで泣いちゃダメだよ（否定）。
　　　あなたが不注意だったからじゃないの？（味方しない）」

本人は励ますつもりで、良かれと思ってアドバイスをしているのだと思います。しかし、この言い方では、あなたは「ありのまま・あるがままの自分を否定された」と感じてしまうでしょう。そして、

「泣いている自分はダメなんだ」

「こんなことで悲しい自分は受け入れてもらえないんだ」

このように、感情を表現してはいけなかったのだと自分にダメ出しするようになり

ます。このダメ出し癖がつくことで、自己肯定感は大きく下がります。

しかし、ありのまま・あるがままの姿を互いに理解し、受容することができれば、喜びを分かち合い、ともに成長することができます。

そのためには、「良い・悪い」といった判断をしないこと。そして、「○○ができたから、よし」といった条件付けをせず、そのままの状態を理解し、受け入れることです。できても、できなくてもいい。思いたいように思っていい。考えたいように考えていい。感じたいように感じていい。あなたのありのままを否定する権利は、誰にもありません。

「自己肯定感を高めよう！」などと意識しなくて大丈夫。まずは否定をやめてみましょう。そして、自分がどのように思い、どのように考え、どのように感じているのかを理解しましょう。するとしだいに、ありのまま・あるがままを受容することができるようになっていきます。

自分への理解と受容が深まれば、自然と自己肯定感は高まっていくでしょう。

第2章

繊細さんをやめるための「しない」

12 他人の感情を深読みしない

気配りのできる人、気の利く人は、人の気持ちを汲み取ることが上手です。

それをコミュニケーションに活かす分にはよいのですが、時に、人の感情を深読みしすぎて空回りしてしまうことがあります。


「きっと、相手はこう思っているに違いない」

「ああ言っていたけれど、本心は〜〜なのかもしれない」

「この言葉には、どんな意味があるのだろう？」


いくら他人の気持ちを深く読んで「こう思っているに違いない」と思っても、読み間違いであることが多いものです。

実際に起きたこと、発せられた言葉以外の部分をあれこれ予想や想像するのは、無駄なこと。考えれば考えるほど、妄想に火がつき、止まらなくなってしまいます。

相手が不機嫌そうにしていたとき、「私が悪いのかな」「私が何かしちゃったのかな」と、一人で原因探しをして考え込んではいませんか？

必要以上に責任を感じ、自分一人で抱え込む人がいます。考えれば考えるほど、ネガティブな発想が湧いてきて止まらなくなります。

これは自分の「思い込み」なのですが、そういった「思い込み」に気づき、外していきましょう。

自分の心の中を、他人の心への配慮でいっぱいにしてはいけません。

自分は自分、あの人はあの人です。

その場で確認をする

もし、相手の言動について疑問を感じたり、相手の様子を見て「何かしちゃったかな」と気がかりなことが出てきたりしたら、後からあれこれ考えるのではなく、勇気を出してその場で確認しましょう。

・「もし、〜〜だと思わせてしまったらごめんね」
・「何か思うことがあったら、よかったら教えてね」
・「確認だけど、それって〜〜ということ？」
・「何かあった？」

言おうかどうしようか迷ったら、迷った時点で確認すべきです。もし、その場で聞けなかったら、後からでもいいので、必ず確認をしましょう。

聞いてみたら「なんだ、そういうことか」とあっさり解決することが多いです。悩む時間をできるだけ減らして、情緒を安定させましょう。

私目線ではなく、「他人目線」で眺める

自分の視点を一旦離れて、他人目線で遠くから眺めてみましょう。心の距離を取ってみることで、客観視できるようになり、相手を「思いやる余裕」が出てきます。

×私目線
「こう言うってことは、こう思っているに決まってる」

○他人目線
「へぇ、この人は〜〜だと思っているのか」

「どうせ自分なんか」といった卑屈な感情や、「どうせこうに決まってる」といった妄想にとらわれず、全体を見るように心がけましょう。

深読みしない考え方

深読みしない考え方を身につけ、深読みすることを上手に卒業していきましょう。

たとえば、恋人や親友など、いつも連絡を取りあっている相手から、連絡が途絶えた場合について、考えてみましょう。

①解釈を挟まず、「起きたこと」だけを見る

「いつもは返信が早いのに何かあったのかな」「何か気に触ることを言っちゃったかな」といった自分の解釈を挟まず、「連絡がこない」ことだけに着目しましょう。

こうすることで、感情に流されず、冷静に事実だけを見て判断できるようになります。

②相手の事情を想像する

「仕事が忙しくて返信する暇がないのかもしれない」

「自分の時間をゆっくり過ごしているのかもしれない」

と、「自分がどう思うか」ではなく、相手の立場に立って考えましょう。あなたにも自分の生活があるように、相手にも相手の生活があります。

③「今、自分に何ができるだろう？」と考える

「連絡がこないなら映画を観よう」
「返事がこないから、早めに寝よう」

自分にできることを考えると、余計な不安や恐怖がなくなり、心が軽くなります。
また、自分の時間に集中できるため、待つことも忘れて有意義に過ごすことができます。

相手の気分に振り回されていると、自分の時間が無駄に奪われてしまいます。
それでも深読みをしてしまうときは、次の言葉を思い出してください。

「その深読みって、ただの思い込みかもよ？」

13 好かれようとしない

誰だって、周囲の人から嫌われるよりは好かれたいと思っているものです。

しかし、この「好かれたい」という気持ちが強くなりすぎると、苦しくなってしまいます。

好かれようと頑張りすぎる人の特徴

人から好かれようと頑張りすぎる人は、思考や行動に一定の傾向が見られます。

まず、相手の反応に対して過敏になり、人の目を異常なまでに気にするようになります。そして、自分の気持ちを抑え込んで周りに合わせようとするので、言いたいことも言えなくなります。「こんな自分をわかってほしい」と承認欲求が強いのも、特徴の一つです。

「自分はダメ」と思っていながらも、「認めてほしい」「嫌われたくない」という気持ちが強いため、常に葛藤し、苦しんでいます。また「〜じゃないといけない」と自分を縛りつける傾向が強く見られるため、常に何かしら「許せない」と怒りを溜めています。

依存心が強く、周囲に承認されることで自分を保とうとします。そのため、「自分が望む自分」ではなく、相手の求める「いい人」を演じてしまう傾向が強く、自由に振る舞っている人を見ると「あの人はずるい」「私だけが頑張っている」と感じます。

そして、いつも何かしら「我慢」をしているため、我慢が限界に達したとき、怒りが爆発してしまいます。

「好かれたい」をこじらせると……

この「好かれたい」という気持ちをこじらせてしまうと、自分より他人を優先させる癖がついてしまいます。そのため、自分に自信が持てなくなり、不安感や劣等感で押し潰されそうな状態になってしまいます。

そして、相手の反応を悪い方に解釈し、「嫌われたのではないか」とビクビクするようになります。また、相手から嫌われないように気を遣いすぎて疲弊したり、他人にも同じくらいの気遣いを求めて、「なんでこの人はこういう気遣いをしないんだろう」と不満を抱えたりすることもあるでしょう。

限界を超えて頑張ってしまう癖があり、心も体も常にガチガチ。なかなかリラックスできません。

さらにひどくなると、他人から拒絶されるのを恐れるあまり、先に自分から相手を拒絶してしまい、孤独になることもあります。

あなたを大切にしない人は、あなたの人生に必要ない

誰かから好かれようとして無理をすることはありません。また、嫌いな人に好かれる必要もありません。

もし、あなたを大切にしない人がいたら、その人は、あなたの人生に必要のない人。そんな人から好かれようと頑張らなくていい。

むしろ、あなたを大切にしない人に好かれると、疲れたり、依存されたりと、後々大変になってしまいます。

「私は大切にされるのが当たり前」くらいのスタンスで、ドンと構えましょう。

あなたは、好かれるようにご機嫌取りをする立場ではなく、一緒に過ごす人をあなたが選ぶ立場にあるのです。

あなたを大切にする人を、あなたのほうから選びましょう。そうすると、一時的な

不安に振り回されることなく、「大切にされることを受け入れる自己肯定感」が身につきます。

好かれよう、好かれようとする人は、「人から大切にされることを受け入れられる器」がまだ充分に育っていないのかもしれません。この器を育てなければ、たとえ誰かから大切にされていたとしても、それに気づくことができません。

それどころか、嫌なことをされていたとしても、その「かまってくれる感覚」を手放すことができず、歪んだ関わり方を続けてしまいます。すると、自己肯定感はますます下がり、「私は大切にされないことが当たり前」という前提で生き続けることになるのです。

そんな生き方は、もう終わりにしましょう。

あなたを大切にしない人は、あなたの人生に必要ありません。
あなたが大切にしたい人、そして、あなたを大切にしてくれる人さえいればいい。

誰かの期待に応えるのではなく、自分の期待に応える

あなたの心の平和は、あなた以外の誰かによってもたらされることはありません。あなたを認めてくれる誰かを追い求めるのではなく、あなた自身があなたを認めればいいのです。

「誰に好かれているか」ではなく「誰と一緒にいたいか」、「誰を好きか」ではなく「誰といるときの自分が好きか」を基準にしましょう。

誰かの期待に応えたところで、あなたの心が満たされることはありません。しかし、自分の期待に応えたら、自信と満足感のフルコース。

誰かになるのではなく、「私」になればいい。

自分がなりたい自分になればいい。

外見も内面も将来も、私がなりたい「私」を生きろ！

14 察してもらおうとしない

特にパートナーとの間で起こりがちなことですが、「相手に自分の気持ちを察してほしい」と思うことはありませんか？

しかし、そもそも察してもらうことは、不可能です。

どれだけ親しい間柄であっても、相手の考えを常に把握して、要望を読みとることなんてできません。


なぜ、あなたは「察してほしい」と思うのでしょうか？

その心理の裏には、

「間違ったことを言って嫌われたくない」

「わがままになっちゃいけない」

「人に迷惑をかけちゃいけない」

という「他人からどう見られるか」を心配する気持ちがあるかもしれません。

相手の反応を気にしすぎて自分の考えを伝えられず、「察してほしい」と思うのです。

また、その心理のさらに奥には「具体的な言葉にしなくても私の気持ちを感じ取れるくらい、私のことを気にかけてほしい」という願望が隠れています。

しかし、そのことをわきまえておかないと、相手を追い詰め、疲れさせ、どんどん面倒くさい人になってしまいます。

自分が「どうしたいのか」気持ちを明確にしよう

「察してほしい」という気持ちを手放すには、自分の気持ちを把握し、相手に伝えることが大事です。

1. 自分の気持ちを把握し、伝える

自分の気持ちを知るためには、自分自身に問いかけてみましょう。

（本書「紙に書き出す～気が向いたら日記～」参照：109ページ）

「私の中でどんなことがあったの？」
「私は何に対して嫌な気持ちになったの？」
「本当はどうしてほしいの？」

何かに不満があるとき、何だか悲しい気持ちになっているとき、自分の気持ちを言葉で具体的に説明できるようにしましょう。

恥ずかしさや怖さから言葉にすることを諦めてしまっては、相手に理解してもらえません。それどころか、「話したくないんだな」と誤解されてしまうことがあります。

自分の気持ちが下がっているとき、「察してよ」と言わんばかりに黙り込んで、相手にご機嫌取りをさせてはいませんか？

言葉できちんと伝えないと、相手はどうすればいいのか戸惑ってしまいます。

また、中には、その場をしのぐために、「とりあえずニコニコして何も言わずに、やりすごす」という人もいます。

しかし、こんなことを繰り返していると、そのうち、周りに同調して存在感を消すことに慣れてしまいます。そして、意見があっても我慢する癖がつき、自分の意見を持たない状態にも慣れてしまいます。

面白くないのに笑ったり、何かあっても笑って流したりする人は、注意してください。

うまく話せなくても、身振りや手振りだけでもいいんです。その場では無理なら、後からＬＩＮＥで伝えても大丈夫。

相手に、「自分の気持ち」をきちんと表現して、知ってもらいましょう。

2. 素直にお願いをする

自分からは言いにくいことほど「察してほしい」と思うもの。おそらくそれは、恥ずかしくて言いにくい、申し訳なくて言いにくい、相手を傷つけてしまうかもしれなくて言いにくい、つまり、「失敗したくない」という気持ちがあるから言いにくいのです。

「『好き』と言ってほしい」
「仕事が終わったら連絡をしてほしい」
「それは嫌だからやめてほしい」

素直にお願いをすることで、初めて相手に伝わります。

お願いをするときは、「これを伝えることで、もっと理解しあえる」というスタンスで伝えることが大事です。相手は「こう思っていたのか」と学ぶ機会を得ることができ、また、理由や事情を知ることで安心します。そして、あなたは相手に自分の気持ちを伝えることで、我慢している環境が変わるきっかけをつくることができます。

慣れないうちは勇気がいりますが、「どれくらいのお願いをいつ伝えればＯＫなのか」相手の傾向を知る「実験」だと思って、とりあえず言ってみましょう。

3．気持ちを伝えるのに抵抗があれば、ハードルを下げてみて練習をする

自分の気持ちをなかなか伝えられないのは、「慣れていない」ことが大きな原因です。伝えるフレーズをあらかじめ紙に書き出して決めておいたり、家で独り言のように何度も繰り返し練習したりしましょう。また、伝えたあと、「あの伝え方はよくなかったな」と感じたら、どう言えばよかったかを振り返り、何度も声に出して練習することがおすすめ。

状況によっては、なかなか言えないことも当然あります。「言わなくちゃ」と自分を追い込むのではなく、「伝えられそうなら伝えるし、伝えられなかったら、それはそれでいっか」くらいでいましょう。

それでもまだ、自分の気持ちを具体的に言葉で伝えるのに抵抗を感じるなら、はじめのうちは、声を出すだけでもかまいません。

「うわぁ……」「うーん……」「げっ」

自分の頭の中を少し垂れ流す感じです。

具体的な内容がなくても、喜んでいるのか嫌がっているのか、気持ちのニュアンスは伝えることができます。

言葉にする前の練習として、「音を出す」ことから始めてください。これで、気持ちをアウトプットする癖づけができます。

ここから少しずつ、自分の気持ちを伝えることができるようになっていくでしょう。

自分の気持ちや要望を伝えることとは、自転車の乗り方に似ています。

自転車は、乗れるようになるまではとても難しいものですが、一度乗れるようになってしまえば、その後は楽に乗り続けることができます。

これと同じように、自分の気持ちや要望は、一回伝えられるようになれば、その先もずっと伝えられるようになるものです。

なので、はじめのうちは難しく感じるかもしれませんが、少しずつ練習して、ぜひ身につけてください。

自己表現しなければ、自分の願いは永遠に叶いません。言うからこそ、「結果」を得られます。何度も言っているうちに慣れてくるので、挨拶するくらい自然に、自分の要望をさらりと伝えることができるようになります。言えるようになるまで練習することが大事です。

気持ちを伝える際のポイント

気持ちを伝えようと思っても、慣れないうちはなかなか大変です。次のポイントに気をつけると、伝わりやすくなります。

自分が必要だと思うよりも「3倍多く」情報を伝える

大事なのは、情報をしっかりと伝えることです。

このとき、「事実」と「解釈」と「提案」を伝えるようにすると、相手は理解しやすくなります。

「事実」とは、起きたことや状況のこと。

「解釈」とは、自分の気持ちや感じたこと、意図など。

「提案」とは、具体的な要望やお願い、目標などのことを指します。

たとえば、

「この前『もうあなたには頼まない』って言ったでしょう。あれは、少しショックだったな。どこがどうダメだったのかを説明してくれると、次に活かせるから、次からはちゃんと理由を言ってほしいな」

のように、「事実」「解釈」「提案」を盛り込むことで、情報がきちんと伝わり、角も立ちません。

嫌なことは直接、はっきり伝える

嫌なことを言われたときに、その場を流して後から悩むのではなく、反射でとにかく言うこと。

照れ隠しにヘラヘラ笑いながら話したり、過剰に申し訳なさそうに話したりすることは避けましょう。当然のことながら、相手を攻撃的に非難するような言い方もしてはいけません。

○「すみませんが、今の〜〜という言葉は傷つきました」
○「あなたのその言い方は、責められているように感じて悲しくなる」
○「私が嫌な気持ちになったことだけでも、まずはわかってほしい」

伝えるときは、真剣な表情で、はっきりと具体的に、明るい声で話しましょう。
また、「嫌」と伝えるのは、一度に一つまでにします。「前にもこんなこと言っていたけど……」と、追加で言いたくなるかもしれませんが、過去のことを持ち出してはいけません。

指摘するときは、相手の人格ではなく、「行動」を指摘することが大事です。また、意見を述べるときには、不満を言うのではなく、「提案する」というスタンスで伝えましょう。

×不満「電話はしないで」

○提案「メールかＬＩＮＥで連絡してほしいな」

具体的な行動を提案することで、相手は「今の行動を否定された」ではなく、「代替案を出してくれた」と捉え、今後の対策としてあなたの意見を受け取りやすくなります。

15 察しようとしない

相手の気持ちを想像し、配慮することは必要です。

しかし、それが行きすぎてしまうと、勝手な思い込みや決めつけで、相手の本心を誤解してしまうことがあります。

「この人はこう考えているに違いない」

そんな思い込みをしていませんか？

私たちはエスパーではありません。何の情報もなしに、察することなんてできないのです。

相手のことがわからないときは、それは、あなたの配慮が足りないのではなく、相手からの情報が足りないことがほとんどです。

そこで無理やり察しようとしなくて大丈夫。情報が少ない状態で無理に察しようとすると、勘違いしやすくなります。

もしあなたが、「なんか、この人、私の気持ちを察してくれないな」と感じたら、それは、相手が鈍いのではなく、あなたの説明不足かもしれません。

仕事をするときには「ほうれんそう（報告・連絡・相談）」を意識する人が多いのに、プライベートではつい疎かにしてしまいがち。

相手と意思の疎通を取りたいのであれば、きちんと情報を伝えましょう。

察しすぎることによる悪循環

常に人の気持ちを察するようにしている人は、察するスキルが向上し、察することがどんどん上手になっていきます。

すると、「この人は察してくれる人なんだ」と相手に伝わり、自分のことを察してほしい「察してちゃん」が周囲に集まってくるようになるのです。

そこで、その期待に応えるべく、さらに察しようと頑張り、もっと察することが上達します。

そしてついには、「察してちゃん」に加え、もっとやっかいな「かまってちゃん」まで集まるようになってしまいます。

相手とコミュニケーションを取りたかっただけなのに、努力したことが裏目にでてしまい、あなたのエネルギーを奪いにくるような人ばかりが寄ってくるのです。

察しようとしないためのコツ

「察することをやめよう」と思っても、長年染みついた習慣ですから、なかなかうまくいかないものです。

また、適度に察することで相手の気持ちや考えに寄り添うことができるので、円滑なコミュニケーションのためには、察することをすべてやめるわけにもいきません。察することをまるっきりやめるのではなく、相手が今どんな気持ちで、どんなことをしたら喜んでくれるのか、「想像する」ことをおすすめします。

では、「察しようとしない（＝想像する）」ためには、どうすればよいのでしょう。

コツ①：相手にまめに確認する

「察してほしい」「空気を読んでほしい」という無言のリクエストに応え続けていると、だんだん「認識のズレ」が生じてきます。

ひどくなると、すれ違ってしまったり、意思疎通ができなくなることもあります。そうならないためにも、わからないことは確認するようにしましょう。

「今、どんな気持ち？」
「〜をしてもいい？」

「〜という解釈であっている？」

「今、どんな感じ？」

「〜をされると、どう思う？」

「何か思うことはある？」

「何か他にアイデアはある？」


気軽に聞いて大丈夫。恐る恐る聞くよりも、何気なくサラッと聞いたほうが、相手も答えやすくなるものです。

サラッと聞けるようになるためには、「意識する」→「実践する」→「反省する」→「工夫する」の繰り返しが大事です。訓練を重ねることで、「サラッと」が身についていきます。

コツ②：ほほえみながら自己表現する

自分の意見を言いたいときは、遠慮せず伝えましょう。そのとき、ほほえみながら話すと、安心して聞いてもらえます。ほほえみは、相手の警戒心を解き、親しみやすさを感じさせることのできる最強のツール。

しかし、普段から「察しすぎてしまう人」は、空気を読みすぎるあまり、自分の意見をほとんど言わない傾向があります。最初はなかなか自分の意見を言いにくいかもしれません。信頼できる人に言ってみたり、独り言として言ってみたり、練習してみましょう。

コツ③：空気を読まない

あえて「空気を読まない」ということも、時には大事です。

少し前に、空気を読めない人を表す「ＫＹ」という言葉が流行りましたが、空気を読めない人と空気を読まない人は違います。

●空気を読めない人

周りの人の意見や考え方を知ろうとしたり、理解しようとしたりせず、自分の意見を押し通す人。勝手な判断で行動する、気持ちのまま突っ走るなどして、周囲を困らせる人。

●空気を読まない人

周りの意見や行動の意図を理解し、状況を把握しているが、あえて空気を読まずに自分の気持ちや自分の事情を優先する人。空気を読んで相手に合わせた結果、相手が望ましくない行動を取ることが予測できたときは、あえて空気を読まずに相手の情報開示や行動を促す。

「あえて空気を読まない」という選択をするときには、相手の態度や場の雰囲気は一切無視して、相手の言葉だけを受け取るようにします。

その上で、

「ふーん。○○だと思うんだね。そうなんだ」

「○○なんだね、わかったよ」

と、相手の発した言葉をオウム返しで伝えましょう。

すると相手は、「この人は言葉の裏を読んでくれない人だ」「ちゃんと説明しないと理解してもらえない」と判断し、情報開示など、何かしらのアクションを取ってくれるようになります。

これは、「察してほしいオーラ」を発している人に対して、とてもおすすめです。

16 沈黙を恐れない

会話の途中で沈黙してしまうと、なんだか気まずく感じてしまうこともあるでしょう。

しかし、沈黙は決して悪いことではありません。相手と呼吸を合わせる「間」ができたと考えてみましょう。

それまでの会話を振り返り、頭の中身を整理して理解する時間が生まれます。また、気持ちを整える時間としても使えます。

「気まずいな」と思ったときは、相手も「気まずいな」と思っているものです。気まずい空気は、相手に伝わってしまいます。会話が途切れても焦ったりせず、飲み物を飲むなどして、リラックスしましょう。

気まずくならないためのコツは、無理に言葉を出そうとせず、黙ってほほえみながら、自然と会話が戻るのを待つこと。

無理に会話を続けようとすると、相手にも「沈黙しないようにしなければ」というプレッシャーを与えてしまうことになります。

ゆったりと、「私は話したいときに話すし、あなたも話したいときに話せばいい」というスタンスでいれば大丈夫です。

話に詰まったときの対処法

沈黙の時間を過ごすときは、口角を上げてニコニコしながら、「この人ともっとお話ししたいな」という気持ちでいましょう。

もし、相手が一点を見つめていたり、下を向いていたりしたら、それは「間」が必要なタイミング。相手は何を聞いていいかわからなくなっているのかもしれません。

どう言おうか考えているのかもしれません。あるいは、言いたいことがあるけれど、勇気が出ないのかもしれません。

相手には相手の事情があります。相手が「話さなきゃ」と焦らないよう、優しい口調で次のように声をかけ、その後は見守りましょう。

○「何か思うことがあったら、一緒に解決していきたいから教えてね」
○「わからないことがあったら何度でも聞いてね」
○「無理して話さなくても大丈夫だから、リラックスしてね」

このように伝えることで、相手は安心して、話しやすくなるでしょう。

そして、もし相手が話しはじめたら、黙って聞きます。

自分から話すことがなければ、無理に話すことはありません。

「そっかぁ」「なるほど」と、相づちや繋ぎの言葉を入れて、相手の言葉を引き出しましょう。

「何を話そうか」ではなく「何を質問しようか」と考えると、会話を弾ませるきっかけが掴めます。

会話を続けたいと思ったら

会話を続けたいと思ったときにおすすめの切り出し方が、次の７つです。

①相手の話を深掘りする

それまで相手が話していた内容を深掘りするような質問をしてみましょう。

「さっきの話はその後どうなったの？」

「それで？　それで？　もっと聴かせてほしいな」

「他にはどんなことがあったの？」

②相手の感想を聞く

それまでの会話の感想を聞くのも、よいでしょう。

「さっきの～はどう思った？」

「私はこうだけど、○○さんはどんな感じ？」

③相手の興味・関心がある話題に切り替える

それまでの話では盛り上がりに欠けるようであれば、話題を切り替えるのもおすすめです。

その場合は、相手の興味・関心がある話題にすると話が弾み、話の展開も広がります。

「ところで、この間の〜〜はどうなったの？」

「そういえば、最近○○始めたって言ってたよね。○○のこと、ちょっと教えて！」

④答えたくない話題には、質問で返す

もし、あなたが答えたくないような話題になってしまったことが沈黙の原因だったら、相手に質問で返すとよいでしょう。

「ちなみに、○○さんはどう思う？」

「ちなみに、○○さんは何かしたいことある？」

「ところで」「そういえば」「ちなみに」という前置きがあると、唐突に話題を変えて

も角が立ちません。

⑤相手が返答に困っていたら、助け船を出す

相手が黙ってしまったことで会話が途切れてしまった場合には、相手が打ち明けやすくなるように優しく問いかけて、言葉を引き出しましょう。

「今、どんなことを考えているの？　そのままを聞きたいな」

「無理して話そうとしなく大丈夫だからね」

⑥気持ちを共有する

「一緒にいると楽しい」

「一緒にいると居心地がいい」

「もっといろんなことを話したい」

「今、何を言おうか考えているから待ってね」

と、思ったことをそのまま素直に言葉にするのも、おすすめです。場が和み、話を続けやすくなります。

「沈黙＝何を考えているかわからない」状態だと、相手はイライラしたり、どうしていいのか不安になったりしますが、あなたの気持ちを知ることができると安心します。また、会話が途切れたからといって、退屈しているわけではないこと、相手を嫌っているわけではないことが伝わるようにしましょう。

沈黙はそもそも誰との間にも起こるもの。「沈黙しても大丈夫」とお互いに思うことができれば、関係はより深まっていくでしょう。

⑦話をまとめる

「それは〜〜という解釈であってる？」
「さっきの話は〜〜という意味かな？」
「〜〜については〜〜ということだね」

相手の気持ちや考えに共感し、自分の意見を添えつつ、相手の意図を確認します。質問や確認は迷惑にならないので、わからないことや理解が追いつかないことがあれば、遠慮なく相手に確認をしましょう。

「ごめんね。把握しきれないから、もう一度教えてくれるかな？」

「申し訳ないけれど、一つずつ話してもらえるかな？」

質問や確認をする際に「なんで？」と理由を追求してはいけません。また、自分の頭で考えずに答えを求めたり、要点だけを聞いて満足したりするのも、よくありません。相手は嫌な気持ちになって、それ以上話したくなくなります。

17 気にしない

自分が周りからどのように見られているのかを気にしたり、他人の持ち物や能力をうらやんだり、周囲の目や他人の状況ばかり気にしてはいませんか？

「私はみんなからどう思われているのかな」
「あの人はずるい、うらやましい」

このように、他人の目や他人のことばかり考えていると、自分のことより他の誰かを気にかける時間が増えてしまい、しだいに自分より他人のほうが価値があると思うようになっていきます。

すると、自分の気持ちに向きあう時間は減っていき、どんどん自分の気持ちがわからなくなってしまうのです。

その結果「誰も自分のことをわかってくれない」と思い込んでしまう人もいます。

このような事態に陥ると、心のリハビリには時間がかかってしまいます。そうならないように、あまり周りを気にしすぎない習慣を身につけましょう。

「当たり前」を見直す

「こうでなくてはならない」「こうあるべきだ」という理想の「型」にこだわる人が陥りやすいのが「気にしすぎ」です。

義務感と執着、思い込みを手放すことで、気にしすぎは大幅に改善できます。もし、手放すことが難しければ、「見直す」くらいから始めてみましょう。

1. 義務感「やらなきゃダメ」を見直す

×「普通はそうするから」

×「親が言ったから」
×「世間ではそうだから」
など、こうでなければならないという義務感を見直しましょう。
○「本当にそうなの？」
○「普通って何だろう？」
○「常識から外れても大丈夫なパターンもあるよね」
と、これまで抱えていた義務感に疑問を持つことが、第一歩です。

2. 執着「これじゃないとダメ」を見直す

最初は「黄色の財布がいいらしい」「この人と一緒だと楽しい」だったものが、だんだんと
×「金運を上げたいなら黄色の財布じゃないとダメ」

×「私にはこの人しかいない」

というように、執着してしまうことがあります。

「これがいい」だったものが、いつの間にか「これじゃないとダメ」にすり替わって

しまうのです。
今一度、見直して「これがいい」くらいの軽い気持ちを取り戻しましょう。

3．思い込み「○○は絶対××」を見直す

自分の中に「○○といえば××」という基準を持つと、物事の判断が早く楽にできるようになります。しかし、これがいきすぎて「○○は絶対××」となると、自分の可能性を狭めたり、相手に失礼な決めつけをしてしまいます。

×「○○は苦手なのでできません」

苦手だからといってチャレンジしなければ、いつまでたっても苦手を克服することはできません。それに、以前は苦手だったとしても、知識と経験を蓄えた今なら、意外と楽にできるかもしれませんよ。「○○が苦手」というのは、ただの思い込みではありませんか？

×「あの人は冷たいから」

あなたが「冷たい」と感じているその人は、感情表現が苦手でどうしていいかわからないタイプなだけかもしれません。思い込みで極端なジャッジをしてしまうと、物

事を見誤ってしまいます。

気にしない考え方

「気にしすぎ」「考えすぎ」と言われて、落ち込んでしまった。そんな経験をお持ちの方もいるでしょう。

しかし、気にしすぎることは、決しておかしなことではありません。気にしたくて気にしているのではないはず。気にしすぎる人は、ただ「気にかける情報量が多い」だけなのです。

たとえば「机の上にあるペンを見てください」と言われたとします。

なんとなく全体を見て「ああ、ペンがあるな」と感じる人もいれば、「このペンは赤で、メーカーは○○で、丸机の上にあって、机の上には花瓶も置いてあって……」と、細部まで細かく観察する人もいます。一人ひとり、そこから得る情報量が違うということです。

しかし、世の中には、気にしなくていいことがたくさんあります。
もし、「少しでも気にしないですむようになりたい」と思っているなら、次のような考え方が参考になるかもしれません。

考え方① 考えの変換と意識改革

1. 「嫌いな人」は「興味のない人」に変換する
2. 相手が変わってしまったのではなく、「もともとそういう人」だっただけ
3. 自分の性格が変わったのではなく、状況が変わっただけ
4. 欠点は、自分が自分であるために欠かせない
5. 自分と他人は、そもそも考え方が違う
6. 社交辞令は、言った人の責任
7. いざとなったら、いつだって縁を切ることができる

どれだけ親しくなっても、他人は自分の一部分しか知ることができません。
気にしたくないのに気になってしまうときは、「気にしても自分には何もできない」

ことを認めましょう。他人からの評価なんて、相手の気分次第なのです。
もし、相手があなたの一部しか見ずにあなたのことを嫌ったとしても、それはそれ。あなたの価値が下がるわけではありません。

考え方② 気にする力を活かしてプラスにする

気にする方向を少し変えるだけで、気持ちが楽になることがあります。
また、気遣いは相手の役に立つことも多いので、「気にする自分」を責めず、受け入れてしまいましょう。

このとき、マイナスではなくプラスを気にすることで、物事は好転します。

×マイナスを気にする

「なんで自分はダメなんだろう」とダメな原因を考えるのはやめましょう。原因を考えても、現実は変化しません。それどころか、ダメな原因を探すたびに、「自分はできない」と思い込み、どんどんマイナス思考が強くなってしまいます。

○プラスを気にする

「どうしたらできるようになるだろう」と、改善策を考えましょう。改善策を考えて実践すれば、現実はよいほうに変化していきます。また、改善策を探すたびに、「自分はできる」という思い込みが働き、どんどんプラス思考になっていきます。

考え方③ネガティブ言葉はプラスで終わらせる

人の脳には、自分の言葉のつじつまを合わせるために、勝手に原因を探すという機能があります。

「私はダメだ」で終わってしまうと、脳が「ダメ」な原因を探してしまいます。そして、ダメな原因を見つけては、余計に「ほら、やっぱりダメだ」と思ってしまうのです。

もし、「私はダメだ」と思っても、そこに、プラスの言葉を付け加えましょう。

○「私はダメだな……でも私はできる！　運がいい！　幸せ！」

プラスの言葉を後付けすることで、脳が「できる・運がいい・幸せ」な原因を探してきます。そして、「私はできる！　運がいい！　幸せ！」だという思いが強化されます。

人は、それまでに出合ってきた言葉、発してきた言葉でできています。「自分が聞きたい言葉」を後付けして完結させ、脳にインプットすることで、一歩一歩なりたい自分に近づいていきます。いい言葉は、いい明日をつくる。どんな人間になるかは、自分で選び、決めることができるのです。

18 孤独から逃げない

自分らしくあるためには、一人の時間が不可欠です。

もちろん、誰かと時間を共にすることは大事ですが、一人になった途端に「寂しい」と不安を感じてしまう場合、もしかしたら、他人への依存が始まっているかもしれません。

「誰かとつながっていたい」という気持ちが過剰になると、自分自身とのつながりが弱くなってしまいます。


「誰かと一緒だったら楽しい」と、楽しみを他人に頼っていると、自分の時間を楽しむことができなくなります。

そして、寂しさを紛らわすために、好きでもない人と無理やり一緒にいようとしたり、一人を恐れてなかなかパートナーと別れられなかったりします。これは、あなたの本当の気持ちを無視する行動です。このような行動を取り続けていると、あなたの心の穴は埋まるどころか、孤独感がさらに増してしまうでしょう。

「一人でもいい」と認める

「一人は嫌」と思っていると、常に一緒にいる人を探すようになります。しかし、常に都合のよい人が見つかるわけではありません。そんなとき、「一人でもいい」と思えなければ、誰かの都合に合わせたり、誰かのご機嫌を取ったりと、自分を曲げてでも一緒にいてもらおうとしてしまいます。

そんなことで、自分らしくいられるはずがありません。自分らしく自分の人生を生きるために、「一人でもいい」と認めましょう。

孤独とは人生の瞑想。

「一人でもいい」と思えるようになると、次のような強さが手に入り、より自分らしい人生を生きることができるようになります。

・都合の悪い現実を受け入れる強さ
・将来性のない縁を手放す強さ
・周りに流されない強さ
・自分の弱点や欠点を認める強さ
・自分のための自分の人生を生きる強さ
・寂しさに負けない強さ

強さを身につけることで、自分という宝石に磨きがかかります。

「誰かと一緒も好きだけど、一人も好き」

そう思えたとき、原石だったあなたは輝き、孤独と共存できる自分になれるのです。

一人の時間とは、自分を好きになる時間

「一人の時間はよくない」という意識が心のどこかに潜んでいると、落ち込みやすくなったり、焦ったり、不安になったりしがちです。

一人の時間を持て余したときは、自分にお金や時間や手間をかけてみましょう。自分を我が子のように愛でてみたり、自分をアイドルのように推してみたり、自分をハイブランド品のように丁寧に扱ってみたり。たとえ他人に理解されなくても、自分が納得できればそれでＯＫ。自分で自分を満たすには、自己満足でいいんです。

こうした「自分を幸せにしたい」と思える時間を積み重ねることが、自分の原動力になり、どんどん自分を好きになっていきます。自分のためにしたことは自然と自分を肯定する行動になるので、おのずと自己肯定感が高まっていきます。

「こんな自分もなんかいいな」と思えた頃、あなたを大切にしてくれる誰かに、必ず出会えます。

メンタルを病ませる大きな原因は、「退屈（暇）」

仮に忙しかったとしても、「つまらない」と思えば、メンタルは不安定になります。「つまらない」「やることがない」と退屈になると、自ら悩みをつくり出し、退屈から逃れようとします。こうして自分で自分を「不安」にさせるのです。

また、退屈な時間が多い人ほど、「自分のしていることが何のためになるのかわからない」という虚しさが湧きあがり、無気力状態になってしまいます。

やみくもにやることを増やしてただ忙しくさせたところで、「退屈」からは逃れられないのです。

「心のパワースポット」を増やしてみる

先ほど、「一人が苦手な人は他人への依存が始まっているかもしれない」といった傾向を書きました。
しかし、誰かに全く依存せずに生きていくことはできません。生きている限り、大なり小なり依存しあっています。

ここで大事なのは、一つのところに過度な依存をしないこと。
「子どもだけが楽しみ」「恋人と過ごす時間だけが楽しみ」という状態だと、相手への依存心が強くなってしまいます。子どもをコントロールしたい欲求がでてきて毒親になってしまったり、恋人の心変わりを恐れて情緒不安定になってしまったりしかねません。

何か一つに依存するのではなく、「ちょっとした依存先＝心のパワースポット」をたくさん持ちましょう。それぞれに対する依存の負担を小さくすることで、バランスがとれます。

趣味を見つけて取り組んでみる、推し活をしてみるなど、何でもＯＫ。楽しい依存先をたくさんつくりましょう。それが、自分の心を支える「心のパワースポット」となります。

心のパワースポット8選

依存先を増やそうとしても、どこに頼ればよいのか分からないかもしれません。迷ったら、自分が「楽しそう」「やってみたい」と感じるものを選びましょう。

①好きなこと・趣味

「スキルが身につくものを」「将来役に立つものを」などと考えずに、心から楽しめることをしてください。絵画（塗り絵・切り絵）、プラモデル作り、編み物、お菓子作り、手芸、折り紙、楽器、陶芸、レゴ、パズルなど、何でも大丈夫です。「楽しいな」と思うほど、心のパワースポットの力は強くなります。

②趣味の集まりに参加してみる

職場や自宅にしか居場所がない状況では、職場や家族の関係がうまくいかないときに、行き場をなくしてしまいます。そうならないように、複数のコミュニティに参加して、いろいろな人とつながりをもちましょう。

気軽に参加できるコミュニティには、英会話やゲーム、オンラインサロンなどがあります。

③「一人になれる」お気に入りの場所

できれば、神社や静かなカフェ、森林浴、一人になれる部屋など、ゆったりと過ごせる場所に行ってみましょう。静かな時間が、心身の回復を促してくれます。

ストレスを発散したいときには、テーマパークや一人カラオケなどもおすすめです。「気持ちいいな」と感じるほど、心のパワースポットの力は強くなります。

④心の琴線に触れた言葉

本や漫画、歌、会話の中で得た言葉など、人はそれまでに出合ってきた言葉で、自分の歴史が創られます。特に心に響いた言葉を何度も自分に語りかけましょう。「繰り返す」ほど、心のパワースポットの力は強くなります。

⑤カウンセリング

親でも、友人でも、先生でもない、第三者のカウンセラーには「これを言ったらこう思われるかな」といった遠慮は不要です。ただただ、あなたの言葉に耳を傾けてくれます。言葉をそのまま受け止めてもらう体験は、安心感につながります。

思いを言葉にすることができなかったとしても、「言葉にできない」ことさえ受け止めてもらえます。

「聞いてもらう」ほど、心のパワースポットの力は強くなります。

⑥懐かしい思い出

子どもの頃にハマった遊び、印象深いＣＭや音楽、楽しかった思い出を振り返るたびに、そのときの青春が蘇ります。

「思い出す」ほど、心のパワースポットの力は強くなります。

⑦「推し」をつくる

2次元でも2・5次元でも3次元でもいいです。推しをいっぱいつくりましょう。「好き」と感じる存在を増やすことで、明日を生きる活力が生まれます。推しを応援しているつもりが、実は自分が推しによって応援されているのです。「ときめく」ほど、心のパワースポットの力は強くなります。

⑧好きなアイテム

服、インテリア、メガネ、化粧品、ストラップ、アクセサリーなど。視界に入るたびにテンションが上がるモノを持ちましょう。好きなモノに囲まれて暮らしていると、自分のことも好きになっていきます。「可愛い」「好き」と思うほど、心のパワースポットの力は強くなります。

例として、8の「心のパワースポット」を紹介しました。しっくりくるものがあれば、いくつでも取り入れてみてください。一つに依存することのないように、気軽な関係の楽しい依存先をたくさんつくりましょう。

そのうち、「気づけば必要なくなっていた」ということが起こるかもしれません。
そのときは、心のパワースポットが役目を終えたということです。

第3章

理想を叶えるための「しない」

19 期待をしない

あなたは、誰かに期待してはいませんか?
しかし、他人に期待している限り、自分の人生を生きることはできません。

相手に期待をしなければ、相手を尊重することができます。
自分への期待を手放せば、自分に優しくすることができます。

「私はこれだけのことをしたんだから、相手もこのくらいはしてくれるだろう」
もし、このように感じるなら、それは、自分がやったことは報われるべきだという気持ちが、相手への期待となって現れています。

また、時には、

「あの人とは何度も目が合う。きっと私のことが好きなんだわ」

こんなふうに期待することがあるかもしれません。これは、自分が相手に好意を持っているときに、特に感じやすい期待です。自分が相手を好きだから、相手にも自分を好きになってほしいと期待するわけです。

期待が大きくなりすぎると、期待どおりになるか常に監視をし、相手の言動に一喜一憂してしまいます。そして、期待どおりにならないと、イラッとしたりショックを受けたりして、時には怒りで相手を攻撃してしまいます。

たとえば、オムライスをつくってもらったとき、

相手「美味しいオムライスつくるね！」

（相手がオムライスをつくり、出してくれる）

自分「何これ？　思っていたオムライスと違う。ちょっといらないかも……」

相手「え、一生懸命、つくったのにな……」

人はなぜ他者に対して期待するのでしょうか？

期待する裏には、「こうあるべき」「自分は正しい」「認められたい」「不安、心配」といった心理が隠れています。

これらの心理が働いて、相手に対して「自分の思うとおりに動いてほしい」と思ったとき、そこに期待が生まれます。

どう行動するかは、本人が決めること。

相手の考えや行動をコントロールすることはできません。相手の気持ちや行動を先読みして「こう考えるはず」「こう動くべき」と決めつけるのはとても失礼なこと。

コントロールできるのは、自分の気持ちと行動だけです。

期待とは、勝手な理想の押し付け

自分で行動を起こすときは、見返りを期待して行動するのではなく、「自分がしたくてする」ということを、忘れてはいけません。つまり、自己満足でいいのです。

頼まれてもいないのに、「相手のためにやった」と思ったり、「相手が変わらない」

と失望したりしてはいけません。

自分がいいと思うポイントと、相手がいいと思うポイントは違うということを、忘れないようにしましょう。

期待をせずに「希望」をもつ

人には、「期待」ではなく「希望」をもつように心がけましょう。

「期待」とは、自分の理想を相手に押し付けることに他なりません。相手の判断と行動に左右されるため、期待どおりにならないと、裏切られたと感じ、ガッカリしてしまいます。

それに対して、「希望」とは、人任せにせず、自分の中で願うことを指します。自分の心次第なので、裏切られるということはありません。相手を心から応援して、ワクワクしながら見守ります。すると、相手は「この人と一緒にいると、なんだか元気が出る」と感じます。

相手も自分も、人からの期待を満たすために生きているわけではありません。期待を手放し、希望をもって見守っていきましょう。

期待を手放すテクニック

①感謝する

「ありがたい」と思えることを見つけ、感謝の心を育むことが大事です。最初のうちは、ありがたいと思えるようなことを、なかなか見つけられないかもしれません。しかし、ありがたいことは、「探そう」という意思を持って探せば、必ず見つかります。たとえば、１日何も食べてはいけないと禁止された後に白米を食べたら「白米おいしー！　ありがたい！」と感謝の気持ちが湧きますが、毎日白米を食べていたら白米への感謝が薄れてしまいます。つまり感謝とは日常の中に隠れている状態なのです。だからこそ、意識的に感謝を探す必要があります。

はじめから「ない」と思い込んでいると、あるものも見つかりません。自分の「しよう」という決意次第で、見え方や現実は変わります。

②具体的な要望を伝える

相手に過度な期待をしないようにするには、相手に何かを求める際、具体的なお願いをすることが有効です。

たとえば、手伝ってほしいことがあるときに、「1時間だけ手を貸して」と時間を指定すると、「最後まで手伝ってもらえるかも」という期待をあらかじめ排除できます。こうすることで、「まだ終わっていないのに帰っちゃった」といった自分勝手な失望をしなくてすむようになります。

③「今日は私の日じゃない」くらいがちょうどいい

期待をしないからといって、「信じない」「感情を抑える」「ロボットのように心が冷たい」ということではありません。物事はすべて自分の思いどおりにならないものだとわかった上で、行動する。これが、「期待しない」ということです。

このことを理解していると、何かがうまくいかなかったとき、残念に思う気持ちにはなっても、怒りまでは湧きません。

たまにはこんなこともあるし、運は順番に巡ってくる。うまくいかない日は誰かが運を掴む日で、「今日は私の日じゃないんだ」くらいの軽やかさで、気持ちを切り替えましょう。

うまくいかない理由を、自分と切り離してしまうのです。誰のせいでもなく、ただの人生のバグ。

自分に期待をかけられたら……

相手から期待されている気がしても、相手の期待に応えようとしてはいけません。相手の見ている自分と、本当の自分を切り離しましょう。

何か期待されているとわかっても、「それはあなたが勝手に理想化した私ですから、知りません」と、割り切る。

相手の期待にいちいち付きあっていたのでは、自分らしくいることなどできません。

本当にあなたの味方になってくれる人は、多少期待からズレていても、「それもあなたらしいね」と、「新たに見えたあなたの部分」として受け入れてくれるものです。

20 待たない

理想をどんどん実現している人は、決して待ちません。

気になる人がいれば、自分から話しかけ、自分から食事に誘います。気になる仕事があれば、たとえ募集枠がなくとも、諦めずに働きかけます。結婚したいなら、結婚したいと伝えて結婚する前提で話を進めます。

チャンスが巡ってくることをただ待っているのではなく、自分からチャンスを掴みにいくのです。

成功者を見ると、「あの人が成功したのは、運がよかっただけ」「外見がいいからだ」と言う人がいます。しかし、成功を掴む人は、自分のスペックに関係なく、基本的に「自分が動かないと何も始まらない」というスタンスで、とにかく自分から動きます。

成功したことが目立つだけで、見えないところで失敗も多く重ねているのです。

成功者はチャレンジの数が多いから、失敗もするけれど、ときには成功することもある。それだけのことなのです。また、思うような結果が出なかったとしても、その経験から学びを得て「これがダメだったから、次はこうしてみよう」と改善し、またチャレンジします。これを繰り返すため、成功率自体も上がり、より成功しやすくなっていきます。

また、成功する人は、認められたいとか、期待に応えたいといったことは、ほとんど考えません。「周囲がどう思うか？」で判断するのではなく、「自分が納得できるか？＝自分がしたいからする」を軸に答えを出します。

遠慮せずにチャレンジする。それが成功するか失敗するかにかかわらず、「やりきった」という達成感は、自信のもとになります。

待つことは、自分の命を削ること

なかなか連絡せずに待たせる、待ち合わせに遅刻するなど、あなたの時間を容赦なく奪っていく人と関わってはいませんか？

その人にかけた時間は絶対に戻りません。「待つ」とは、あなたの限られた時間を、つまり命の一部を捧げていることと同じです。自分の寿命を大切にしたいなら、待たない勇気を持ちましょう。

自分の時間を奪わせない。それと同時に、他人の時間も奪わない。

「基準」を決めて待つ

「待たない」と決意しても、仕事や友人との付きあいの中では、待たなければならない場面は当然でてきます。

そんなときは、基準を決めましょう。

例

・お願いを3回無視されたら縁を切る
・30分考えたらやめる
・一週間待ってもダメなら次に行く

「もっと待ったらよい返事をもらえるのではないか」「嫌な人だと思われたらどうしよう」といった欲や評価を気にしてはいけません。自分が「するか」「しないか」で判断しましょう。

叶う前提で行動する

「私が動けば、それがタイミング」
「私が決めたら、うまくいく」

と考えましょう。

叶うかどうかを考えていたのでは、いつまでたっても動けません。「すべて叶う前提」で考えて、すぐ動く。自分の人生を自分で幸せにする人は、「自分の答えを正解にするチカラ」があります。

「うまくいかない私はただの仮の姿。無論、幸せにしかならない」と少しも自分を疑わなくていいです。主人公には試練がつきもの。逆境をバネにして、ますます輝きながら、新たな自分と出会ったり、最高の人に巡り会えたりします。

「物語の辿り着く先は結局ハッピーエンドと決まっている」

そう信じきってみましょう。自分を諦めないでください。幸せの主役は、いつでもあなたなのだから。

「嫌な記憶」を書きかえる

欲しい結果が得られないと、ひどく落ち込んでしまいますよね。

しかし、落ち込んでしまう原因は、失敗そのものではありません。「嫌な記憶」にあります。

失敗をただ「嫌な記憶」として残していると、落ち込んでしまいます。そうではなく、「何があっても私はここで終わらない」と考えて、失敗すらも幸せのバトンとして記憶に残しておきましょう。すると、落ち込むことはありません。

成功する人は、このようにして、失敗を恐れずに次々チャレンジを重ねていきます。そしてついに、成功を掴むのです。

21 後回しにしない

ダイエットをしようと思っているのに、つい食べすぎてしまう。
やらないといけないとは思いつつ、つい先延ばしにしてしまう。
「いつかやろう」と思っていながら、なかなか手をつけられない。
このように、やるべきことを後回しにしてはいませんか？
この後回し癖の大きな原因は、「面倒くさい」という気持ち。

面倒くさいと感じてしまうのは、そもそもそれが心からやりたいことではないからです。だいたいは、「やらなければならないけれど、本当はしたくないこと」なのではないでしょうか。この、「やらなければならないけれど、本当はしたくないこと」は、「やらなきゃ」とか「こうあるべき」といった義務感から生まれます。

義務感では、なかなか人は動けないものです。そこを無理やり動こうとしたら、大きなストレスになります。

ところで、その「やらなければならないこと」は、本当にやらなければならないのでしょうか？　やったほうがいいかもしれないけれど、実はやらなくても何とかなるようなことではありませんか？

「それは、本当にやらなければならないことなのか？」から考え直してみることをおすすめします。

「実はやらなくてもよかった」ことを見つける「しないリスト」の作り方

何をしないのかを明確にすることで、「本当にしたいこと」が見えてきます。

①日常生活の「やりたくないこと」を書き出す

例：洗濯物をたたむ、愚痴を言う

②「なぜする必要があるのか？」理由を簡潔に書き出す

例：洗濯物をたたむ→洗濯物が床に置いてあると邪魔になるから
　愚痴を言う→ストレスを発散したいから

③簡潔に「なぜやりたくないのか？」理由を書き出す

例：洗濯物をたたむ→面倒くさいから
　愚痴を言う→嫌な気持ちになるから

④　②の理由と③の理由を比べる

②で書き出した「なぜする必要があるのか？」の理由と、③で書き出した「なぜやりたくないのか？」の理由を比べます。

例：洗濯物をたたむ→「邪魔になる」VS「面倒くさい」
　愚痴を言う→「ストレスを発散したい」VS「嫌な気持ちになる」

このとき、②の「する必要がある理由」のほうが重要だと感じたら、次に進まず、そのままリストに残しておきましょう。③の「やりたくない理由」のほうが大きいと感じたら、次の⑤のステップに進みます。

⑤「しなくてすむ方法」を簡潔に書き出す

例：洗濯物をたたむ→床に置いてあると歩くときに邪魔になるから→面倒→ハンガーにかけたまま収納する

愚痴を言う→ストレスが溜まっているから→嫌な気持ちになる→愚痴を言わないゲームをする

⑥しなくなったらリストから消す

例：~~洗濯物をたたむ→面倒→ハンガーにかけたまま収納する~~

~~愚痴を言う→嫌な気持ちになる→愚痴を言わないゲームをする~~

期限を設けず、「ゲームにチャレンジする」くらいの軽い気持ちでいると、無理なく自然としなくなります。

⑦定期的に見て、リストを整理する

定期的に見返して、リストを整理しましょう。「する必要がある理由」と「やりたくない理由」のどちらが大きいかは、日が経つにつれて変化していることがあります。また、「そういえば最近しなくなったな」と、改めて気づいたものがあれば、リストから外しましょう。

この「しないリスト」は、世間体や人の目を気にせず、思いついたことをそのまま書くことがポイントです。誰かの用意したそれらしい答えを自分に押しつけるのではなく、自分の心で答えを発見しましょう。

小さなルーティンをつくる

「しない」ことを明確にすると、やりたいことが少しずつ見えてきます。「これ、やってみたいかも」と思うものがあれば、自分の続けられることから一つずつ始めていきましょう。それが習慣になり、無意識にできるようになってきたら、次の新しいことにチャレンジしてみましょう。

このように、やりたいことを一つひとつ小さなルーティンにしていく。これがやりたいことを全部やるためのコツです。新しいチャレンジを同時にいくつも始めると、最初はやる気もあるし楽しいけれど、だんだん面倒くさく感じるようになり、後回しにしてしまいがちです。

振り返り、変化を意識する

小さな変化にも気づけるように、ときどき自分を振り返ってみましょう。

すぐに大きな変化は起こりません。少しずつ少しずつ変化していくものです。その変化に気づくことができないと、「全然変わらないじゃん」と、モチベーションが下がってしまい、挫折につながります。

そうならないためにも、週に1回、月に1回でもいいので、自分の「やったこと・わかったこと・次に何をやるか」を振り返って小さな変化を実感できるようにしましょう。

第4章

自分をコントロールする「しない」

22 否定をしない

会話をしていると、やたらと「でも……」「いや……」「だって……」と否定から入る人がいます。

これでは、コミュニケーションが成り立ちません。

実は、コミュニケーションというものは、「相手を否定しない」と心がけるだけでも、うまくいくもの。

自分の欲しい言葉が返ってこなかったとしても、相手が思ったとおりに動いてくれなかったとしても、相手の言葉や行動を否定してはいけません。

つい否定してしまうという人は、物事を「できる／できない」、「正しい／間違っている」などの2択で判断する癖がついているのかもしれません。しかし、世の中は白黒つけられないグレーの部分がほとんど。

否定か肯定かではなく、聞いたまま、見たままを受け入れることが大事です。

また、自分の望んだ反応を得られないとき、「相手に否定された」と思い込んでしまう人もいます。これもまた、勝手な判断をせず、聞いたまま、見たままを受け入れていきましょう。話を最後まで聞かずに話の腰を折ったり、聞かれていない自分の話をしたりすることも、相手を否定することと同じですから、注意が必要です。

相手の反応が望んだものではなかったとき、相手の言葉をそのまま受け入れるための受容フレーズが、次の3つです。

「そう思うんだね」
「そういう考えもあるよね」
「そういうこともあるよね」

このように、一旦受け入れ、相手の気持ちに共感する、あるいは、考えを理解しようと努めましょう。


これは、口先だけのことではなく、自分の中にも
「この人はこう思うんだ」

「この人はこう考えるんだ」

「この人はこう感じるんだ」

と、フラットに捉えるような変化をもたらします。

相手への反論は一旦、置いておく

相手の反応が自分の望むものではなかったとしても、反論を述べるのは、一旦待ち、最後まで話を聞きましょう。

というのも、反論は、自分の思い込みによるものかもしれないからです。

すぐに反論を返してしまうと、大切な人を傷つけてしまうかもしれません。

否定せずに、まずは相手を受け入れ、相手の気持ちを理解する。自分の意見や感想を伝えるのは、その後です。

コミュニケーションは、「何を言うか」よりも「何を言わないか」のほうがずっと重要です。

「何を言うか」「何を言わないか」を判断するためには、相手の気持ちや本心を確認しましょう。

「どうしてそう思うの？」

「もっと詳しく教えてくれる？」

「そう言うのには、何か理由があるの？」

と、3つの優しさ「優しい表情（ニコニコ、ほほえむ）・優しいトーン（ゆったり丁寧に）・優しい語尾（語尾を上げる）」を意識しながら、相手を包み込むイメージで、素直に聞いてみるとよいでしょう。

そのとき、自分とは違う視点や考え方が返ってきたら、

◯「この人はどうしてこの考え方をするのだろう？」

○「この人のような視点でものを見てみたら、自分にはどう見えるだろう？」

と、相手の視点に興味をもって知ろうとすることで、自分の世界も広がります。

ここで、もし

×「あの人の考え方はおかしい」

×「あの人の意見は間違っている」

と頭から否定してしまったら、相手と深いコミュニケーションが取れなくなってしまいます。

否定をしないコミュニケーションのコツは、相手の考え方や視点から「学ぶ姿勢」を忘れないことです。

そして、相手の思いやってくれた行動に「無理しないで」などと言うのはやめましょう。自分が気遣ったつもりで言ったとしても、相手の「あなたの想う気持ち」を否定してしまうからです。上手く言おうとせず、「ありがとう」と一言、言えばいいのです。

23 怒りをぶつけない

「許せない！」

「いい加減にして！」

「なにやってんの！？」

そんなふうに、怒りをぶつけたくなったことが、誰にだってあるはずです。

しかし、怒りをぶつけたところで、事態は何も好転しません。

なぜ怒るの？

そもそも、人はなぜ怒るのでしょう？　それは、自分の思うとおりに物事が動かなかったから。

「こうしてほしかったのに」

「こうあるべきなのに」

自分の思うとおりにいかなかったら不機嫌に振る舞い、フラストレーション（満足できない気持ち、欲求不満）を、誰かに怒りをぶつけることで解消しようとします。また、威圧的な態度を取ったり、力を使ったりして、恐怖で相手を黙らせようとします。


とはいえ、自分の思うとおりにいかなかったからといって、本当に怒りをぶつける人は、ほとんどいません。

しかし、これまで育ってきた中で怒りをぶつけられ続けてきた人は、自分も怒りをぶつけてしまう傾向があります。

他に方法を知らないため、自分がフラストレーションに耐えられなくなったとき、暴力を受けてきた人は暴力で、暴言を吐かれてきた人は暴言を吐くことで、自分の心を保とうとするからです。しかも、自分のしていることに自覚がないため、「何が悪いか」が理解できません。

それまでの経験を考えると、仕方ないようにも思えてしまいますが、それでも、相手にとってあなたがどんな経験をしてきた人なのかは関係ありません。たとえ納得のできる理由があったとしても、暴力や暴言は、一度たりとも許されることではないです。

たとえば目の前に小さな猫がいるとしましょう。

その猫がうっとうしくて、仕事で疲れていたからといって、蹴ってもいいでしょうか？

もちろん、蹴ってはいけませんよね。そんなことをしたら、動物虐待です。

「自分がされて嫌だったことを、人にしてはいけない」「相手の嫌がることを、してはいけない」と、自分の行動をコントロールする。それが大人のふるまいです。

怒りたくなったら

「怒る」こと自体はいいんです。怒るのは人として当然の感情です。怒りたいときは怒っていい。いけないのは、「怒る」ことではなく、自分のフラストレーションを相手に何とかしてもらおうとする「行動」です。

自分でフラストレーションを処理していかなければなりません。

たとえば、自分の思いが相手に伝わらずにイライラしているのであれば、感情的になって相手を攻撃するのではなく、丁寧に説明し、時には「諭す」という行動を取りましょう。また、相手が明らかに間違ったことをしているのであれば、やはりきちんと説明し、「叱る」という行動が必要になります。

感情はコントロールできません。感情ではなく、行動をコントロールしましょう。

「怒る」は、自分のイライラを発散する行動。

「諭す」は、物事の道理を教え、相手が自ら動くように導く行動。

「叱る」は、「したほうがよいこと」「すべきこと」について、注意やアドバイスを伝える行動です。

「諭す」と「叱る」には事態を改善させる効果がありますが、「怒る」には全く改善効果がありません。

それは、「怒る」ポイントは人によって違うから。あなたがいきなり怒り出したとしても、相手にはなぜあなたが怒っているのかがわかりません。そもそも、怒るポイントを知っていたら、あなたが怒り出すようなことはしないでしょう。

あなたが怒れば、相手は謝ってくれるかもしれません。しかし、「うわ、なんかこわい」と感じているだけで、あなたの気持ちを理解することはできないでしょう。

理性を失って怒り出す人は、子どもと同じです。話をしても無駄だと思われてしまうのです。

怒りが湧いたら、その場から離れる

「怒り」の感情が湧いたら、すぐにその場から離れましょう。

よく言われる「怒りを感じたら6秒耐える」といった感情を抑える行動は、あまりおすすめできません。目の前に不満そうな顔をした相手がいたら、また怒りが爆発してしまうからです。耐えていた分だけ、かえって怒りの爆発が大きくなってしまうこともあるので、実践的ではありません。

怒りをぶつける相手が目の前からいなくなるだけで、気持ちが落ち着いてきます。「場」の空気から逃れることで、「心の距離」を取ることができます。

たとえば、その部屋から出る、外に出る、化粧室に行く、電話がかかってきたふりをして席を外すなど。相手を視界から外して見ないようにする。できれば声や音も聞こえないところに移動すると、自然と怒りは落ち着いてきます。

どんなに心を尽くして話しても、なかなか理解してくれない人はいるもの。

もし、「この人に関わってもストレスが溜まるだけだな」と思うような人がいたら、関わらないことも一つの選択です。「そういう人なんだ、もう何も言わないでおこう」と心のシャッターを静かに閉じてしまいましょう。あなたの貴重なエネルギーを怒りで消費してしまうなんて、もったいないですから。自分の世界から相手を消して、好き勝手言わせておけばいいのです。

怒りを溜めない5つのコツ

・余裕をつくる
・自分の気持ちを整理する（「紙に書き出す〜気が向いたら日記〜」参照：109ページ）
・箇条書きで頭の中の言葉を書き出す
・グルグル、ぐちゃぐちゃ落書きをする
クレームの電話を受けているときなど、手元のメモに落書きしちゃいましょう。
・発散させる（「不安を一人で『発散』させる」参照：68ページ）
アウトプットすることで、かなりスッキリするはずです。

怒りを和らげる7つの行動

・癒やされる写真を見る

・好きな場所へ移動する
・リラックスできる香りを嗅ぐ
・水に触れる（手や顔を洗う、水を飲む、入浴する）
・アイマスクとイヤホンをして「自分だけの空間」をつくる
・好きな動画を観たり、音楽を聴く
・深く深呼吸をする

よく、怒りをコントロールしようとしたり、怒りそのものを発生させないよう、自分の考え方やマインドを変えようとしたりする方がいます。しかし、それにはとてつもない時間と労力が必要です。やろうと思っても、そう簡単にできることではありません。なので、どうか「できない私はダメなんだ」と自分を責めないでください。そんなこと、できなくて当たり前ですから。「そうしちゃうよね」「そう思うよね」と自分に寄り添いましょう。

怒りの正体を知る

あなたは一体、何に対して怒っているのでしょうか。

どういうときにどのような怒り方をするのでしょうか。

怒りを引き起こす原因となる感情や傾向を深掘りしていくことで、「怒りの正体」が見えてきます。

怒りを深掘りする手順

1. いつ怒った？→（怒りの引き金となる）感情
2. どのように怒った？→傾向
3. なぜ怒った？→理由
4. 本当はどうしたかった？→希望
5. これからどうしていきたい？→行動

怒りたくて怒っている人など、まずいません。怒りの奥には「言葉にできない思い」

があり、それが、怒りとなって表に出ているのです。

相手を責めそうになったら、相手に気持ちを尋ねる

相手を責めようとするとき、その裏には「相手をコントロールしたい」という気持ちが隠れています。しかし、上手にコントロールしたいなら、責め立てるのではなく、相手の心を開くのがおすすめです。

相手の心を開かせる言葉

○「どんな気持ちになったの？」
○「なにかあったの？」
○「これからどうしていきたいの？」

相手の心を閉ざす言葉（責める言葉）

×「なんでそんなことしたの⁉」

×「せっかく○○したのに」

丁寧に問いかけ、相手の話に耳を傾けることで、「そんな事情があったのか」「誤解していただけだ」「怒るようなことではないな」と、わかります。

怒りが鎮まるだけでなく、相手を理解することにもつながるのです。

主語を「あなた」から「私」に変えてみる

主語を「あなた」で語ると、相手に責任を押しつける形になってしまいます。

×「あなたはなんで相談にのってくれないの？」

しかし、この主語を「私」にすると、自分の願いや要望を伝える言葉に変わります。

○「私は相談にのってほしかった」

どちらも、話の内容としては同じことを言っているのですが、伝わる印象が大きく異なります。

「正しければいい」と思うかもしれませんが、その考え方は危険です。「何を言うか」という内容だけでなく、「どう相手に伝えるか」という「伝え方（言い回し・トーン・語尾）」に気を配る必要があります。

頭ではわかっているのに、素直に納得できない。そんな経験を、一度はしたことがあると思います。

相手の意見が腑に落ちなくても、一旦、「なるほど」と受け入れてから、自分の意見を冷静に伝えるようにしましょう。相手とわかりあえる確率が、ぐっと高まります。

24 正論を言わない

困っているとき、正面から正論をぶつけてくる人がいます。


「泣いても解決しないから」

「確認不足が原因だね。しっかりしなよ」

「それは○○ができなかった、あなたが悪い」


このように、言わなくてもわかっているような正論をぶつけてくる人には、悪気がないことがほとんどです。

その人の言葉は、決して間違っていません。ぐうの音も出ないくらい正しい。

しかし、だからこそ、それを言われた相手は追い詰められてしまいます。

正しい言葉を伝えることが、その場の正解であるとは限りません。相手の話を聞いた後、すかさず正しい意見を言ってしまうと、相手は「あなたの考えは間違っている」と言われたように感じてしまいます。「正しさ」を正面から伝えると、「否定された」と受け取られてしまうことがあるのです。

正論を言う人に、相手を追い詰めている自覚は全くありません。むしろ、相手のためになっていると思い込んでいる可能性もあります。また、「知らない相手に教えてあげたい」「よくなってほしい」と思って、親切心から言っている人もいます。

正論をぶつけられると、相手は逃げ場を失ってしまいます。正論は正しいからです。「正しいからこそ言われるとつらい」という相手の気持ちに配慮し、正論をぶつけるのではなく、まずは相手の本音を引き出すこと。相手にどんな事情があって、どんな考え方をしているのかを、詳しく知ろうとしてください。それから、前向きに意見交換ができるような言い方をすることが大事です。

できる限り「共感」「理解」をしようと努める

お互いに「相手に共感しよう」「相手を理解しよう」という気持ちをもって意見をすりあわせ、お互いの「共通認識」を探っていく。これができなければ、話しあいは難しいです。

×「話をちゃんと聞いてよ！」
×「なんでそんな言い方しかできないの」

と自分の立場を押しつけるのではなく、

○「今、どんな感じ？」
○「あなたはどうしていきたい？」
○「他にどんな考えを持っている？」

と相手の状況を確認することから始めましょう。

たとえ言い争いになったとしても、感情的に言い返さないように意識してみてください。相手の気持ちをまずは聞き、理解するように努めましょう。

話しやすい雰囲気を日頃からつくる

「聞ける雰囲気じゃなかった」「言いたくても言えなかった」そう相手に感じさせないようにしましょう。

相手の気持ちを知ろうと心がけ、態度で示すことで、相手は安心して話すことができるようになります。このとき初めて、相手と向きあうことができるのです。

いきなり本題に入ると、人は警戒するものです。まずは、会話の場を整えてからにしましょう。

会話の場を整えるフレーズ

○「今、話せる?」
○「よかったら話をしない?」

また、相手の状態を気にかけてあげることで、相手に寄り添うことができます。

○「なにか困っていることはない？」

○「～さんの味方だから、なんでも聞くからね」

「話してほしい」と相手に要求するのではなく、「聞かせてほしい」と相手にお願いするスタンスでいると、相手は打ち明けやすくなります。

対等な立場で話しあうには

「自分のほうが正しい」と思っていると、相手に対して上からものを言ってしまいがち。しかし、対等に話しあわなければ、あなたの意見は相手に伝わりません。

話しあいは勝ち負けではないので、冷静にお互いの意見を聞きましょう。それが難しければ、第三者を交えて話しあうのもおすすめです。

また、もし、何か言いたくなったら、「それは今、言うべきことか？」と考えてから発言するようにしましょう。思っていたとしても言わなくていいことだってあるのです。

相手の状況を決めつけるのはNG

×「気にしすぎだよ」
×「大丈夫だよ」
×「もう少し頑張れるでしょ？」
×「こうやったらいいじゃん」

と相手の状況をこちらで勝手に決めつけてはいけません。

まずは、相手の言い分を受け入れましょう。

○「そういう考え方もあるよね」
○「言いにくかったよね。話してくれてありがとう」

相手の回答を踏まえて提案する

「自分の言葉を受け入れてもらえた」と感じたら、相手もずっと話しやすくなるはずです。

その後は、相手が話してくれたことを踏まえた上で提案すると、聞き入れてもらいやすくなります。

「なるほど、○○だったのね。それなら、こうやってみるのはどう？」

「○○の他に、こんなやり方もあるみたいだよ？」

また、相手の味方となって接することを心がけていきましょう。

「なにか力になれたら嬉しいな」

「一緒に考えてみよう」

「一緒に乗り越えていこう」

と伝えると、より話しあいはスムーズに進みます。

正論をぶつけたくなるような状況のとき、相手だって「なんとなく自分が間違っているような気がする」と感じているものです。ここで、ド直球な正論を言われると、相手は立場を失ってしまいます。

このようなときは、相手の立場を考えて、言葉や行動を選びましょう。

ここで注意したいのは、

「〜したほうがいいんじゃない？」

「もっと〜しなよ！」

「時間はつくるものだよ！」

と相手の行動を決めつけてしまうこと。

これは提案ではありません。価値観の押しつけです。言われた相手は自信を失ったり、「それができない自分はダメなんだ」と劣等感を感じて自分を責めてしまったりすることがあるので、気をつけましょう。


疲れているとか、考える余裕がないようなときには、相手と丁寧に向きあうことは難しくなります。そのようなときは話しあいをお休みし、また別の機会にすることをおすすめします。相手とスケジュールを相談してみてくださいね。

25 決めつけない

「普通はこうするよね」

「あの人はこういう人だから」

「ここは絶対○○でしょ。それ以外あり得ないし」

「これだからB型は……」

こんなふうに思ったことはありませんか？

このように決めつけてしまうと、相手の置かれている立場や本当の気持ちを知ることができなくなります。


人が何かを決めつけてしまうとき、その裏では、

「自分は正しい」

「認めてほしい・同意してほしい」

「変わりたくない」

「不安・心配」

　という心理が働いています。


　人は、わからないことや予想のできない事態に遭遇すると、居心地の悪さを感じます。すると、何かしらの答えを求めたり、決まった型にはめたりしたくなります。つまり、無理にでも「わかる」「予想ができる」という状態にすることで、安心したいのです。


　しかし、決めつけたり、型にはめたりしたのでは、相手に対する理解が深まりません。相手の本当の気持ちを知ることはできなくなります。

　また、決めつけというのは、聞く耳を持たず、自分の都合のよい情報だけを集めて、目の前の真実から目を背ける行為です。さまざまな可能性を考えず、何事にも白黒はっきりつけたくなるため、予想できないことへの対応力を失っていく傾向があります。

そして、「自分の価値観は正しい」という思い込みで、自分の意見を通そうとします。

「決めつけ」とは、根拠なく自分一人で判断し、自分の勝手なイメージを相手に押しつけること。これでは、相手と理解しあうことなどできないでしょう。

「決めつけ」をやめる3つのコツ

コツ①：事実は事実として受け入れ、相手のことは相手に任せる

重要なのは、相手を理解すること。言っていることが正しいか間違いかをすぐに判断せず、相手の考え方や感じ方を、まずはそのまま受け入れましょう。

「そう思うんだね」「そう考えるんだね」「そう感じるんだね」だけでいいのです。「そう思うんだ。ということは、〜〜という人なんだな」と、そこに自分の勝手な価値観や解釈を加えてはいけません。

自分の理解が難しい考えや、納得いかない理屈が出てくるかもしれません。それでも、相手の「今」「ありのまま」の姿を知ろうとすることが必要です。

「間違ってはいけない」「こうあるべきだ」という気持ちが強すぎると、自分の思う理想を相手にも同じように求めてしまうのかもしれません。

「人間なんだから、失敗も短所もあるよね」「私の知らない一面もあるんだな」くらいの気持ちでいられると、お互いに無理なく等身大の自分でいられるようになりますよ。

コツ②：知らないことを認める

負けず嫌いでプライドの高い人にありがちなのが、知ったかぶり。人に聞くのが恥ずかしいといった一時の感情から、知ったかぶりをしてしまうのでしょう。

しかし、知った「つもり」、わかった「つもり」は、失敗を招きます。知ったかぶりが問題に発展してしまったら、それこそ大恥です。

知らないことは「知らない」と素直に認めてしまいましょう。

知らなければ人に尋ねる。わからないなら調べてみる。そのままにせず、知るためのアクションを起こすことが重要です。

知らないことは、決して悪いことではありません。物事を新しく知ることは、大きな楽しみであると同時に、自分の世界を広げてくれます。

知らないことがあれば、積極的に調べたり、人に聞いたりしてみましょう。

コツ③：「決めつけていないか」自分の選択を自問自答する

「自分は決めつけていないかな？」と、ときどき自分を振り返ってみてください。

残念なことに、人というのは年を重ねていくにつれて、慣れている考え方・行動ばかりとるようになり、決めつけも増えていきます。

たとえば、「この服、あなたに似合うと思いますよ」と言われても、着たことのないデザインや色の服を拒否してしまう。新しい考え方や便利なツールに対し、「私はそういうものはよくわからないから」とか「私は今までのやり方でいいから」と見向きもしない。

こんな態度でい続けると、どんどん決めつけが加速し、柔軟に対応できなくなってしまいます。

「私はどうしてそう思うんだろう？」と自問し、自分の決めつけを壊しましょう。

26 疑わない

「疑う」という心理は防衛本能なので、「疑うな」と言われてもなかなか難しいものです。しかし、あえて言わせてください。「疑わない」ようにしましょう。

もちろん、怪しい儲け話や勧誘をもちかけられたら、それは疑ってください。ここで言いたいのは、そういうことではなく、「やたらと人を疑わないように」ということです。

人は、疑われると落ち込みます。自分のことを疑った相手が、大切な人であればあるほど、深く落ち込みます。

大切な人からは、信用されたい、信頼されたいのです。

大切な人が自分のことを疑っていると知った途端、気持ちが離れていきます。相手が大切であった分だけ、大きな失望となるからです。

「この人は嘘をついているのではないか」「この人は本当にそう思っているのだろうか」と一旦相手を疑いはじめたら、何を言われてもすべての言葉を疑ってしまいます。そのような状態では、お互いを思いあえるコミュニケーションができなくなってしまいます。

自分が相手に疑われている場合

もし、あなたが誰かから疑われているときは、「私を疑うなんてひどい」と涙する前に、まず、自分が疑われるような言動をしていないか、自分の行いを振り返ることが大事です。

相手に何かを疑われたとき、

×「気にしすぎだよ」

と相手の問題にするのではなく、
○「どうして疑っているのかな？」
と2人の間の問題にして、一緒に考えましょう。
何か疑問点があれば、本人に確認するのが一番です。言葉は鮮度が命。

自分が相手を疑いそうになったら

相手の言動がなんだか怪しい。そう感じたら、感情のまま暴走しないことが大事。
相手から多くの情報を引き出すために、あくまでも自然に、サラッと確認しましょう。

「今日の飲み会はどんな集まりなの？」
「いつもどんな話をしているの？」

明るく、笑顔で、語尾を上げて聞いてみると、角が立ちません。
また、親密な関係の相手には、「浮気をしたら許さない」「嘘をついたら許さない」

など、「許せないこと」を事前に表明しておくと、一緒にいないときもあなたの気持ちを考えてくれるようになります。

「疑い」と無縁になるには、とにかくコミュニケーションを多く重ねること

相手がどう思っているか。

自分がどう思っているか。

相手がどう考えているか。

自分がどう考えているか。

相手がどう感じているか。

自分がどう感じているか。

相手の価値観をよく知らないから、疑いを持ってしまいます。

そして、自分の価値観をよく知らないから、相手に伝わる説明ができずに疑われてしまうのです。

価値観とは「使い方」

人は育ってきた環境や経験から、自分の思考や行動パターン、物事の優先順位といった「価値基準」がつくられます。これらは、生きている限り常に変わり続けます。誰かと関わりを持ったとき、この価値基準をもとに「こうしよう」「これはやめよう」と判断しているわけです。

そのときに、気の使い方や言葉の使い方、お金の使い方、時間の使い方、愛の使い方など、質も量も含めた「使い方」に、その人の「人となり」が表れます。

気を使う、気を使わない。前向きな言葉を使う、後ろ向きな言葉を使う。お金を使う、お金を使わない。時間を使う、時間を使わない。「価値観の違い」とは「使い方の違い」。このとき、使い方に正解や間違いはありません。環境や状況によって、人それぞれ使い方の基準が違うからです。

似たような使い方をする人同士は、仲良くなる傾向があります。しかし、「自分の当たり前」が「相手の当たり前」ではないことを、忘れないように心がけましょう。

使い方の目的で判断する

使い方の目的、つまり生きる方向が同じ人同士は、使い方に多少の違いがあっても、認めあい、助けあい、支えあう関係を築くことができます。

すれ違いが起こる原因

すれ違いは、勝手な思い込みで相手を決めつけることで起こります。本人がどんな気持ちでいるかを知らず、また、知ろうともせずに相手を疑い、関係をこじらせてしまうのです。

向きあおうと思えばできたはずなのに、その時々を適当にやり過ごす。話すべきことを話すべきときに話さず、聞くべきことを聞くべきときに聞かず、共有すべきことを共有すべきときに共有しない。すると、「話すべきこと」「聞くべきこと」「共有すべきこと」が溜まりすぎて、「わからないこと」だらけになってしまいます。

相手との気持ちのズレが埋められず、コミュニケーションを諦めてしまう。

人はみんな、それぞれ違います。多くの人が考えがちなことですが、例えば性別で傾向を決めるのは危険です。

察せる男性もいるし、察せない女性もいます。感情で動く男性もいれば、理屈で動く女性もいます。過程を重視する男性もいるし、結果を重視する女性もいます。もちろん、これらの傾向を両方持っている人もいます。部分的にその傾向がある人もいれば、部分的に違う人もいるし、状況によって傾向が変わる人もいるのです。

性別や年齢など「類」の違いではなく、「個人」の違い。つまり、一人ひとりの「使い方」の違いを理解しようとしてみてください。

相手の使い方や状態を決めつけたり、疑ったりすることをやめるには、相手のことも自分のこともよく知ろうと努力する必要があります。

「よく知る」とは自分の目と耳と心で、よく見て、よく聞いて、よく感じることです。

本や占いなどから得た知識や理屈は、「誰かの傾向」にすぎません。自分や目の前の人が「本当はどうなのか」を、実際に確かめる必要があります。

ありのまま・あるがまま・そのまま・個性を受け入れながら、「話す」「聞く」「共有する」ことで、相手や自分の気持ちを知りあいましょう。価値観をすりあわせるための話しあいをしながら、お互いを大切にしあうにはどうすればよいかを学びあう。この共同作業こそが、コミュニケーションなのです。

27 アメとムチで動かさない

「アメとムチ」という言葉があります。

これは、支配や指導、教育をするときに、おだてたりおどしたり、甘い面と厳しい面を使って相手をコントロールしていくことです。

この「アメとムチ」で、誰かをコントロールしようとしてはいませんか？

相手が自分にとって好ましい行動をしたら、ほめたりプレゼントを渡したりしてアメ（ご褒美）を与える。そして、相手が自分にとって都合の悪い行動をしたら、言葉で一方的に責めたり、叩いたりしてムチ（罰）を与える。

この「アメとムチ」は、友だち同士のような対等な関係には使われません。親と子、先生と生徒、上司と部下のように、上下関係があるときに、「アメとムチ」を使う人が現れます。

「アメとムチ」は、相手をコントロールするのにとても効果的です。しかし、相手と信頼関係を築きたいなら、「アメとムチ」を使ってはいけません。「アメとムチ」には、次のようなデメリットがあるからです。

・ムチを避けること、好かれることだけが目的になる
・アメがないと動かなくなる
・問題から逃げやすくなる
・アメをだんだんグレードアップさせないと満足しなくなる
・頻度を上げないと効かなくなる
・アメもムチも「当たり前」になり、行動する意欲を失ってしまう
・アメに慣れて、要求しやすくなる
・ムチによって、トラウマができる

・ムチが当たり前だと思うようになり、他者に対しても同じようにしてしまう
・ムチを与える側の感覚が麻痺し、どんどんエスカレートしてしまう

特に親子関係の場合、親としては「しつけ」のつもりで与えているムチが、時に過剰になってしまいがちです。

というのも、たとえば子どもが勉強やお手伝いをしなくて叱った場合、子どもにとっては、やりたくもないことを押しつけられている時点で既にムチを与えられているようなものなのに、さらに叱られなくてはならないのですから。これでは、2回も罰を与えられているのと同じことになってしまいます。

相手の認識を知り、それを望ましい認識へと導く

「アメとムチ」でコントロールするのではなく、相手の認識を理解し、変化を促しましょう。

たとえば、パートナーが愛情表現は「別にしなくてもいい」「表現することが苦手」

だと思っているとします。

それに対して、

・○○くんが言ってくれるから価値があるんだよ
・好きだと言ってもらえると、○○くんのためにもっと何かをしてあげたくなるの
・ぎゅ～ってすると、仕事の疲れが吹き飛ぶくらい癒やされるよ

といったプラスの面を伝えるのです。

相手を強制的に動かそうとするのではなく、「相手が自分から動きたくなるようにするには、どうすればいいか？」という視点で考えましょう。

「しなければいけない」ではなく、「したいと思う」に導くのです。

モチベーションをつくる

自分自身や相手のやる気を引き出すために、自分や相手のモチベーションが上がるような状況をつくりましょう。

1.「努力過程（その人の苦労や工夫）」をほめる

結果や成果をほめるのではなく、努力した過程や行動、熱意などに注目し、ほめるようにしましょう。努力したからといって、必ずしも実るとは限りません。しかし、その過程に気づいて認めてあげれば、それがモチベーションとなり、また次のチャレンジをする勇気の源になります。

ほめるコツ

「ほめる」とは、上から目線で評価をしたり、媚びたり、ご機嫌を取ったりするのではなく、「共感する気持ちを言葉にして伝える」ことです。そうすることで、「あなたのことをちゃんと見ています」「あなたのことを必要としています」「あなたの味方です」といった気持ちも伝わります。

- 「○○さんが一生懸命していたことはちゃんと知っているよ」
- 「○○さんの努力は、なかなかできることではないよ」

・「○○さんがコツコツ積み重ねた結晶だね」

ほめるときは、「相手自身」を主語にすることで、相手が受け取りやすくなります。

また、自分はほめているつもりでも、場合によってはほめ言葉として受け取ってもらえないことがあります。次のような言葉は、注意が必要です。

【失礼になるかもしれないほめ言葉】

・「相変わらず……」
・「意外と……」「けっこう……」「案外……」
・「悪くない」「普通にいい」
・「〜でいいな」「うらやましい」
・「こだわっているね」
・「頑張っているね」（※自分が上司の立場ならＯＫ）
・「いいことを言うね」

・「背が高いね」「細いね」
（体のことは、ほめ言葉のつもりでも、相手はコンプレックスに思っている可能性があるため触れないほうがいい）

ほめるときは、「評価をしない」という意識でいること。相手への敬意を忘れず、上から目線にならないように心を配りましょう。

2．大・中・小の目標を具体的につくる

ゴールの見えないレースほど、つらいものはありません。
「大きな最終目標」、「少し頑張ればできそうな中くらいの目標」、「すぐ届きそうな小さな目標」の3段階の目標を用意することで、先の見えない不安やストレスをぐっと減らせます。

たとえばダイエットの場合、
大目標：「一年後に」5kg痩せる

中目標：「一週間」栄養バランスを考えて食生活を変える
小目標：「毎日」1分筋トレをする

「私はできた」という小さな成功体験を積むことで、「時間をかけて努力をすれば大きな目標も達成できる」という学びにつながります。このことが、自分が積み重ねてきたものは誰にも奪われないという自信になるのです。

3．鏡を使って自分をほめる

鏡に向かって自分をほめることで、潜在意識に蓄積された自分へのマイナス情報がリセットされます。自覚のなかったマイナス感情が取り除かれると、モチベーションもテンションも上がります。

鏡を見ながら、「いいねいいね」と自分の心の中にある「いいね」ボタンを連打しましょう。

「ちゃんと起きた、いいねいいね」

「今日のメイク、いいねいいね」

「お仕事してきた、いいねいいね」


「いいね」がポイントです。「えらい」「できた」「すごい」だと、評価のニュアンスが入ってしまうため、時に苦しくなってしまいます。

評価などせず、自分をめいっぱい可愛がり、無敵の自分をつくる。これを繰り返していくうちに、どんどん絶対的な自信が持てるようになっていきます。

「私には私がついている」と自分が最大の味方になってあげてください。もうすでにあなたは最高。

「しない」人《ひと》になりなさい　大丈夫《だいじょうぶ》。そんなに頑張《がんば》らなくても

2023年２月22日　初版発行

著者／いろふちゃん

発行者／山下 直久

発行／株式会社KADOKAWA
〒102-8177　東京都千代田区富士見2-13-3
電話 0570-002-301（ナビダイヤル）

印刷所／凸版印刷株式会社

本書の無断複製（コピー、スキャン、デジタル化等）並びに
無断複製物の譲渡及び配信は、著作権法上での例外を除き禁じられています。
また、本書を代行業者などの第三者に依頼して複製する行為は、
たとえ個人や家庭内での利用であっても一切認められておりません。

●お問い合わせ
https://www.kadokawa.co.jp/（「お問い合わせ」へお進みください）
※内容によっては、お答えできない場合があります。
※サポートは日本国内のみとさせていただきます。
※Japanese text only

定価はカバーに表示してあります。

©irohuchan 2023　Printed in Japan
ISBN 978-4-04-606220-8　C0095